S. FISCHER

Katrin Bauerfeind

Alles kann, *Liebe* muss

Geschichten
aus der Herzregion

S. FISCHER

Erschienen bei S. FISCHER

© 2018 S. Fischer Verlag GmbH,
Hedderichstr. 114, D-60596 Frankfurt am Main

Gesamtherstellung: CPI books GmbH, Leck
Printed in Germany
ISBN 978-3-10-397340-2

Meine Herren, mein Freund, der sagte
Mir damals ins Gesicht:
»Das Größte auf Erden ist Liebe«
Und »An morgen denkt man da nicht.«

Bertolt Brecht

Inhalt

Auf Wolle

Vorweg

»Man kann sich leichter am Hintern kratzen als am Herzen.« Das ist kein altes Sprichwort, sondern ein neu ausgedachtes. Es soll Ihnen, liebe Leser*innen, die Angst nehmen, dass es auf den nächsten Seiten kitschig wird. Obwohl es um Liebe geht.

Die Leute, denen ich im Vorfeld von diesem Buch erzählte, sahen mich an, als hätte ich meinen Verstand verbummelt. »Liebe? Ach du Scheiße!« Über Liebe schreiben sonst nur singenden Glückskekse wie Helene Fischer oder alte Frauen wie Rosamunde Pilcher. Aber ich doch nicht! Ich hab schließlich studiert. Und im letzten Buch was über Feminismus geschrieben.[*] Und jetzt das! Liebe muss man sich erst mal trauen zu sagen. »Ich meine jetzt gar nicht nur dieses Mann-Frau-Ding«, sagte ich deswegen zu den Leuten, »ich meine ja auch Liebe zu Menschen im Allgemeinen.« Das klang, als würde ich an emotionalen Tagen Obdachlose mit Febreze einsprühen.

[*] Katrin Bauerfeind, Hinten sind Rezepte drin, Fischer Taschenbuch, 2006.

Noch mehr ratlose Blicke.»...und ich meine die Liebe zu einem selbst, die Liebe zur Heimat, die Liebe zum Leben.« Die Blicke wurden nicht besser. »Aber schon auch das Mann-Frau-Ding«, sage ich deshalb, »nur eben in lustig.« Wobei Liebe und lustig ja meist nicht gut zusammengehen. Bei der Frage »Geld oder Liebe« zum Beispiel, entscheiden sich spontan die meisten für Liebe. Dabei hängt die Antwort ja häufig nur an der nächsten Frage: »Wie viel Geld?« Angenommen nämlich, Mark Zuckerberg entscheidet sich spontan, all sein Geld auf Ihren Kopf zu hauen, unter der einzigen Voraussetzung, dass Sie den Menschen an Ihrer Seite verlassen. Was ist dann? Da kommen Sie doch ins Grübeln, oder? Klar, Sie hätten plötzlich keinen Peter-Michael-Thomas* mehr, dafür aber gut 70 Milliarden Dollar. Für das Geld könnten Sie sich Ihren Michael-Peter-Thomas aus Marzipan nachbauen lassen und hätten danach immer noch knapp 70 Milliarden Dollar. Da können Sie kurz vorher noch »Ich liebe dich« zu Thomas-Peter-Michael gesagt haben und sogar gemeint haben, da ist der doch trotzdem ratzfatz Single, oder nicht? Liebe ist also käuflich. Das ist nicht so schön. Und auch ohne Geld wird sie oft nicht besser. Kaum jemand hat jemals ein lange verheiratetes Paar erlebt und gedacht: »Super, genau das will ich auch!« Aber deswegen allein bleiben? In meinem Alter schon darauf zusteuern, später erst drei Wochen nach dem Tod gefunden zu werden, wenn die Katze einem schon das Ohr abgekaut hat, und zwar wörtlich? Es wird im Laufe

* Die drei – generationsübergreifend – häufigsten männlichen Vornamen in Deutschland.

der Zeit immer schwieriger, jemanden zu finden. Weil man mehr Macken bekommt, seltsamer wird und merkwürdiger. Bis man so seltsam und merkwürdig ist, dass man denkt, »das pack ich jetzt nicht mehr alleine«. Dann braucht man die Liebe, aber gerade dann ist sie schwer zu finden. Zack! Jetzt bin ich schon im Vorwort wieder negativ geworden, dabei will ich genau das Gegenteil. Denn ich glaube, in der heutigen Zeit brauchen wir die Liebe dringend. Mit Hass sind alle schnell bei der Hand. »There will be haters.« Mit so einem Satz werden jetzt schon Turnschuhe beworben. Der Ton da draußen ist rau geworden. Das Internet ist der Brutkasten für Hass. Alle sind mit den Nerven am Anschlag, jeder hat den Kaffee auf, keiner hört mehr zu. Hass ist einfach, Liebe macht Arbeit. Hass ist real und ernst zu nehmen, die Liebe halten alle für flusigen, wolkigen Teenager-Quatsch. Und wie sie geht, die Liebe, das sagt einem eh keiner. Es gibt keine Tutorials, keine Kurse, keinen Unterricht, nichts. In der Schule lernt man Algebra oder wie man einen Aufsatz schreibt über Effi Briest, die langweiligste Frau, die jemals nicht gelebt hat, aber man lernt nicht, wie man dem sehr lebendigen Markus Schettke aus der Nachbarklasse schreibt, dass man mit ihm knutschen will. Keiner sagt einem, was man da sagt. Dabei ist das so wichtig! Wie viel Unglück in der Welt ist, weil einem das mit der Liebe keiner erklärt hat, lässt sich mit Algebra gar nicht ausrechnen.

Hattest du eine schöne Kindheit? Diese Frage hört man oft, keiner fragt: Hattest du eine schöne Pubertät? Hattest du schöne Jahre zwischen 30 und 40? Wie schwer das alles ist mit dem Leben! Ich drifte schon wieder ab. Was ich meine: Gerade jetzt müssen wir uns bemühen. Umeinander. Mit heißem Herzen. Und wenn Sie denken, dass sich das übertrieben anhört: Die von der Hass-Seite, die anderen, die sprengen sich sogar in die Luft. In echt. Wenn wir da nicht wenigstens ein heißes Herz entgegenzusetzen haben, brauchen wir gar nicht erst anzufangen. Ein gutes Leben ist mehr als freies WLAN, Superfood im Müsli und ein Netflix-Abo. Wir brauchen Momente, in denen die Seele tanzt, und zwar keinen Discofox, sondern richtig, ausgelassen, wild, mit den Armen rudernd. Ja, genau, die Seele rudert mit den Armen. Natürlich eine schiefe Metapher, aber kommen Sie mir nicht mit Logik! Gerade die unlogischen Momente sind die besten – die, in denen wir staunend vor dem Leben stehen und denken, wie fucking groß, einmalig und überwältigend es sein kann. Und wie umwerfend der Mensch. Wann hatten Sie das zuletzt? Und wie oft hatten Sie zuletzt »Stress« und »leider keine Zeit«? Wenn Sie dieses Buch lesen und am Ende Ihre Eltern anrufen und sagen: »Ich wollte euch nur sagen, dass ich euch liebe«, wenn Sie einer Freundin eine SMS schicken: »Ich hab nächste Woche gar keine Zeit, aber wir treffen uns trotzdem!«, wenn Sie über den anderen Menschen in Ihrer Wohnung denken: »Es macht mich irre, wie er beim Essen die Gabel hält, wie laut er telefoniert und wie uneffektiv er die Wäsche aufhängt, aber es gibt jeden Tag auch diese drei Momente mit ihm, in denen das Leben hüpft, die Momente, um die es eigentlich geht, und beim nächsten Mal sag ich ihm das auch mal wieder!«, wenn Sie so was in der Art nach diesem Buch tun, dann hat es seinen Zweck erfüllt. Lieben Sie los!

Die Liebe
und der Hass

Meine Tage werden immer kürzer. Auch im Sommer. Ich kriege mein Leben kaum noch in die paar Stunden gezwängt, die mir pro Tag zur Verfügung gestellt werden. So viel zu tun, so viel zu erledigen. Ein großes Wollen, Sollen, Müssen. Ich muss unbedingt pünktlich bei einem Geschäftstermin sein, weil ich schon die letzten beiden Male zu spät gekommen bin; ich soll vorher bei einer Freundin etwas abholen, und ich will danach noch was einkaufen. Angeblich macht die moderne Technik alles immer leichter und schneller, aber die Technik hält nicht Schritt mit den Terminen. Vermutlich wurde einen Tag nach dem Telefon das Meeting erfunden und drei Stunden nach dem Computer die Deadline. In Wahrheit rufen moderne Lösungen nur noch moderne Probleme hervor, nie ist es andersherum. Die Erfindung des Autos zum Beispiel führte auf kürzestem Weg zur Parkplatznot. Was nutzt es, schnell von A nach B zu kommen, wenn man in B nicht parken kann? Parkplätze gibt es in unseren Städten noch weniger als Zeit, und damit ich nicht schon wieder zu spät komme, parke ich bei meiner Freundin kurz semi-legal halb auf dem Bürgersteig.»Man kommt mit dem Kinderwagen noch vorbei«, denke ich. Es sei denn, man hat Zwillinge, aber dann hat man eh ganz andere Probleme. Und ich brauche ja nicht lange. Ich darf gar nicht lange brauchen, sonst kann ich das mit der Pünktlichkeit beim Termin gleich wieder vergessen. Rein, raus, hallo, tschüss. Vier Minuten, höchstens, dann steh ich wieder auf der Straße. Aber offenbar war ich lange genug weg, dass mir jemand einen Zettel an die Windschutzscheibe klemmen konnte:»Sie parken faktisch vor einer Einfahrt. Beim nächsten Mal Spiegel ab. Arschloch.« So steht's da, in geübter Handschrift, blau auf weiß. Ich werfe den Zettel ins Auto. Ich kann mich wirklich nicht um alles kümmern. Ich muss los. Ich hab's eilig. Und seit ich bei Facebook, Twitter und Konsorten bin, perlt unqualifizierte Kritik an mir ab wie kalter Kaffee an Meissener Porzellan. Der Zettel liegt neben mir. Als Beifahrer. An der nächsten Ampel gucke ich rüber und sehe das»Arschloch« da liegen. An der übernächsten lese ich noch»Spiegel ab« und dann natürlich doch wieder den ganzen Zettel. Handgeschrieben. Das ist praktisch wie Steinzeit-Twitter. Ich merke, wie meine innere Mikrowelle loskocht.»Sie parken faktisch vor einer Einfahrt.« Wer, um Gottes willen, schreibt denn»faktisch« auf so einen Hasszettel? Da ist es doch genauso benagelt wie in einem Liebesbrief.»Man kann faktisch festhalten, dass ich dich liebe. Punkt!« So was machen nur Lehrer oder andere Beamte. Und wie kommt dieser Hilfspolitessen-Anwärter in einem Satz von»faktisch« auf»Arschloch«? Was sind das überhaupt für Leute, die heute noch am helllichten Tag, mitten auf der Straße, Papier dabeihaben? Nicht die Rückseite von einer Werbung, einer Speisekarte oder einem Bierdeckel, nee, richtiges Papier! Und einen Kugelschreiber! Und wie schnell der Kerl gewesen sein muss, (es ist der Handschrift nach auf jeden Fall ein Mann)! Der muss doch in seiner verschissenen faktischen Einfahrt auf mich gelauert haben! Der macht das wahrscheinlich hauptberuflich. Rennt den ganzen Tag die Straße auf und ab und verteilt Zettel. Vermutlich trägt er so gesunde Mephisto-Schuhe mit Fußbett und eine wetterfeste Jack-Wolfskin-Jacke. Das würde ihm ähnlichsehen. Lehrer für Mathe und Erdkunde. Der geht bestimmt gerne mal wandern und trinkt abends ein »schönes« Glas Wein und hat zuletzt die AfD gewählt. Solche Leute sind das doch! Reinsteigern ist eine meiner leichteren Übungen. Ich schleiche äußerlich mit fünf Stundenkilometern durch die Stadt und bin innerlich auf 180. Weil heute mal wieder alle fahren wie Onkel Horst nach neun Pils, weil die Stadt hier schon wieder ein Freilichtmuseum für Baustellen eingerichtet hat – anders ist die Straßenführung nicht zu erklären –, weil das Navi mir jetzt schon sagt, dass ich zwanzig Minuten zu spät kommen werde, und weil, ey, »faktisch«, Freundchen, dein »faktisch« reimt sich auf mein »fick dich«! Damit das mal klar ist. Einen Fuck-Tisch kenne ich aus Pornos, wo Mutti in der Küche noch mal hart weggeknuspert wird, und bevor du mir den Spiegel abbrichst, du Hobbyhausmeister, kann es durchaus sein, dass ich dir deine dumme Fresse gepflegt auf links ziehe. Jetzt hupe ich einen Panda weg (das Auto, nicht das Tier, aber in meinem derzeitigen Zustand würde ich auch einen Panda in einem Panda weghupen. Soll sich das Scheißvieh doch bei Greenpeace beschweren!). Wenn ich in der Verfassung zu dem Termin gehe, ist es ziemlich wahrscheinlich, dass ich den Eindruck hinterlasse, ich sei im Fernsehen eine ganz locker, luftige Tante mit Humor, während ich in Wirklichkeit Godzilla mit Make-up bin. Toll! Super! Danke an den Zettel-Blockwart! Bis ich das Image korrigiert habe, hat es sich wahrscheinlich schon überall verbreitet, und entsprechend werden die Anfragen weniger. Ich kann im Prinzip gleich den anstehenden Termin ignorieren und sofort zum Jobcenter fahren. Weil irgendein Straßenverkehrsordnungsnazi nichts mit seinem Leben anzufangen weiß, stehe ich jetzt mit einem Bein in Not und Elend! Im Reinsteigern war ich immer schon gut. Von null auf furchtbar in einer Minute ist kein Problem. Unter Apokalypse fange ich gar nicht erst an. Ich hab ja sonst keine Hobbys.

Mein Park-Karma lässt mich weiter im Stich. Alles voll. Mit viel Mühe und Not rangiere ich mich ohne Blechschaden in die letzte freie Fläche. Der Tag ist im Grunde jetzt schon verratzt. Stimmungsmäßig ist bei mir an diesem Mittwochmittag schon Totensonntag. Erst recht, als ich nach dem Termin wieder zu meinem Auto komme. Jemand hat mich tatsächlich zugeparkt!! Es ist nicht zu fassen! Irgendein Schrotthaufen hat sich mit seinem Auto in die zweite Reihe gestellt, so dass ich nicht mehr rauskomme. Ich setze mich in meinen Wagen und hupe ausführlich. Nichts passiert. Neben mir liegt immer noch der Zettel. Ich krame nach einem Kugelschreiber und schreibe auf die Zettelrückseite:»Glückwunsch zum ›Parkplatz‹! Vollasi«. Ah, nicht gut … Ich sollte durch Facebook & Co eigentlich wissen, dass die Leute Ironie nicht verstehen. Ich sollte außerdem härter austeilen, und eventuell schreibt man Asi auch mit zwei »s«. Wie in »die Geissens«. Am besten, ich schreibe eine zweite Fassung. Härter, schärfer, besser. Noch während ich ›du Parkpimmel‹ schreibe, kommt die Fahrerin des Wagens. Sie sieht aus wie ich. In etwa mein Alter, meine Haarfarbe, und ihren Mantel kenne ich von *Zara*. Sie trägt eine Einkaufstüte und ein kleines Kind. Sie winkt hektisch entschuldigend in meine Richtung und zeigt auf die gegenüberliegende Straßenseite, wo ich jetzt eine Kita sehe. Das »Strolchennest«. Ich lächle in Richtung der Mutter. Mein Lächeln, das ich geübt habe, falls ich jemals für Werbung angefragt werden sollte. Es sagt, dass alles easy ist und mein Leben aus Schmetterlingen besteht, seit ich dieses Shampoo/Waschmittel oder Medikament gegen Scheidenpilz nehme. Ich lächle, als gäbe es kein Morgen. Ich lächle gegen die aufsteigende Peinlichkeit in mir an. Als mein eigener Pressesprecher möchte ich mich jetzt hier, in diesem Auto, mit diesem Lächeln auf das Energischste von mir distanzieren. Es wäre schön, wenn es eine Rückspultaste für mein Leben gäbe. Ich möchte die letzten paar Stunden löschen und noch mal neu anfangen. Um ein Haar hätte ich einer jungen Frau meine »Parkpimmel-Botschaft« an die Scheibe geklemmt. Sie hat wahrscheinlich am Ende ähnlich lange gebraucht, um ihr Kind abzuholen, wie ich vorhin bei meiner Freundin. Ein paar Minuten haben gereicht, um aus mir einen Teil der Hass-Staffel zu machen. Wer weiß, wem die Mutter dann später geschrieben hätte. Ein Kettenbrief der schlechten Laune. Womöglich hat auch mein Zettelschreiber nur was weitergegeben. Vielleicht hat ihm eine Stunde zuvor jemand einen Zettel an seinen Wagen geklemmt, den er für zwei

Minuten irgendwo abgestellt hatte, um seiner Großmutter im Wald Wein, Käse und Brot zu bringen oder dem Messias Weihrauch, Myrrhe und Gold zu liefern. Auf dem Rückweg hat er sich reingesteigert in die Wut über den Zettel, und ich kam ihm gerade recht. Natürlich, vielleicht trägt er auch nur Mephisto-Schuhe und ist faktisch ein notorischer Zettelschreiber. Aber so kommt der Hass in die Welt. Und wenn er mal da ist, hat er's leichter als die Liebe. Jeder von uns kann ein Dominostein werden im großen »Heut kippt die Stimmung«-Tag. Und sie kippt nie ins Positive. Deswegen nutze ich jetzt die Gelegenheit und schreibe hier eine Antwort an ihn:

Lieber Zettelschreiber, Sie haben recht. Ich habe halb in einer Einfahrt geparkt. Das war weder gut noch richtig, und es tut mir leid, wenn Sie dadurch Schwierigkeiten hatten. Wir kennen uns nicht, ich weiß nichts über Sie. Unsere Leben sind uns für einen kurzen Moment in die Quere gekommen. Wer weiß, etwas früher oder später, und wir wären uns womöglich sogar sympathisch gewesen. Vielleicht mögen wir dieselben Filme, hören dieselbe Musik oder haben die gleichen Lieblingsgerichte. Womöglich haben wir gemeinsame Ziele und Ideen. Wollten Sie als Kind Rennfahrer werden, Fußballer oder Astronaut? Wollten Sie die Wale retten, ein Mittel gegen Krebs erfinden oder mal zum Lehrer des Monats gewählt werden, wenn es so was gibt und Sie wirklich Lehrer sind? Sie wollten gewiss glücklich werden. Wie wir alle. Garantiert haben Sie sich nicht ausgemalt, ein gelungener Tag bestehe aus einer wütend hingekritzelten Lektion an eine Falschparkerin. Das ist irgendwann einfach passiert. Ich glaube, dass die Halbwertszeit von Träumen,

Plänen und Hoffnungen durch Alltagshass verkürzt wird. Hass macht hässlich. Wir aber brauchen jetzt das Gegenteil. Unbedingt. Vor nicht allzu langer Zeit war das noch Luxus. Jetzt ist es Notwendigkeit. Deswegen schenke ich Ihnen Liebe. Wenn Sie diese Zeilen lesen. Auch im nächsten Satz: Alles voller Liebe. Keine Nächstenliebe, keine Parship-Liebe, bloß Liebe. Ist das naiv? Absolut. Ist das albern, kindisch, nicht durchdacht? Hundertprozentig. Kann sein, es ist am Ende so was wie die Coca-Cola-Werbung zu Weihnachten. Aber das ist doch egal. Es kann doch nicht sein, dass nur die Wut als ehrlich gilt, die Liebe aber sofort als kitschig. Lassen Sie uns ausprobieren, was passiert, wenn Sie und ich ein paar Leuten einen Zettel ans Auto klemmen, auf dem steht: »Ich wünsche Ihnen einen schönen Tag. Und Glück. Und Liebe.« Sie können auch was anderes schreiben. Ich weiß, was Ihr Zettel mit meiner Stimmung gemacht hat. Vielleicht klappt das ja auch andersherum. Vielleicht erwischen wir einen Menschen, dem das an dem Tag weiterhilft. Vielleicht auch nicht, aber was riskieren wir? Fangen Sie ruhig klein an. Mit Ihrer Frau, Ihren Kindern, Ihren Freunden. Ich weiß schon, so retten wir die Welt nicht. Mit blinder Liebe kommt man nicht an gegen Nazis und Rassisten. Aber um die geht es nicht. Gegen die brauchen wir andere Kaliber. Es geht hier um die anderen. Leute wie Sie und ich. Die sich so durchs Leben wurschteln, die noch nicht verloren sind, die sich noch so oder so entscheiden können. Bei denen müssen wir es jetzt im Guten versuchen! Mit Liebe. Von mir aus nennen Sie es anders. Aber machen Sie mit! Probieren Sie es mal! Wenigstens ab und zu. Regen sie sich auf, aber jedes dritte Mal denken Sie an mich und den Zettel, und dann regen Sie sich wieder ab und trinken einen Tee. Tun Sie mir den Gefallen. Ein Zettel verändert nicht die Welt, aber die Stimmung für ein paar Stunden. Vielleicht macht das am Ende den Unterschied!

Mit aller Liebe
Ihre Katrin Bauerfeind

Die Liebe
und das Singlesein und das Paarsein

Zu Hause – als Single

Ich komme nach Hause, und hier hat sich nichts verändert. Rein gar nichts. Da steht noch der Teller vom Frühstück. Das verdammte Ding hat keine Notwendigkeit gesehen, sich selbst in die Spüle zu bringen. Genauso wenig war der Kühlschrank einkaufen. Er steht da, stumm, kühl und leer wie eine Kirche nach dem Hochamt. Ausgerechnet heute, wo ich den ganzen Tag noch nichts Vernünftiges gegessen habe. Es wird für mich mal wieder auf einen Bringdienst hinauslaufen. Ich stehe in der Wohnung und merke, es war kein Leben in der Bude, seit ich morgens die Tür hinter mir zugemacht habe. Die Wohnung ist eh nur eine Übergangswohnung. Wie jede Wohnung bislang. In der von den Eltern bleibt man nur, bis man groß genug ist für was Eigenes. Die Studenten-WG ist nur für die Zeit an der Uni. Die erste Wohnung ist nur die Wohnung vor der zweiten. Man guckt sich um im Leben. Ob man in der Stadt bleibt? Eher nicht. Ob man allein bleibt? Eher nicht. Ob man dann nicht doch noch ein, zwei Zimmer mehr braucht? Eher ja. Entsprechend richtet man sich ein. Nichts für die Ewigkeit. So geht es lange. Ewig nichts für die Ewigkeit. Außerdem reichen die Zeit, die Kraft und das Interesse am Wohnen nur für ungefähr zwei Wochen nach dem Umzug. Alles was dann nicht fertig ist, bleibt improvisiert. Für die kleine Rumpelkammer wollte ich eigentlich mal eine Lampe gekauft haben, aber da stehen eh nur der Staubsauger und die Waschmaschine drin, und wofür brauchen die beiden Licht? Und ich komme ja eigentlich auch super mit der Taschenlampe klar, die ich da aufs Regal gelegt habe. Den Sessel von Mark wollte ich auch schon lange rausschmeißen. Dann hab ich aber stattdessen Mark rausgeschmissen. Sein Sessel ist jetzt immer noch da. Nicht aus sentimentaler Erinnerung, sondern weil es bequemer ist, den unbequemen Sessel zu behalten, als einen neuen zu kaufen. Ich wüsste gar nicht, wie der aussehen sollte. Aus IKEA bin ich rausgewachsen, für richtige Möbel aber irgendwie noch nicht alt genug. Ich bin jetzt in dem Alter, in dem man eigentlich einen eigenen Stil haben sollte. Aber dazu bin ich bislang nicht gekommen. Zu viel Übergang.

Die Wohnung ist still. Still ist nicht mein bevorzugter akustischer Aggregatzustand. Es ist nicht die Stille vor dem Sturm, es ist die Stille vor der Stille. Eine Stille wie in Stille Nacht, aber ohne Weihnachten und Bescherung. Eine Stille wie auf der stillen Treppe der Supernanny, wo man sitzt und darüber nachdenkt, was man anders machen sollte. Ich schätze, weit über die Hälfte aller Haustiere wurden aus Situationen wie diesen angeschafft. Die andere Hälfte als Ersatz für Kinder. Ich brauche also mindestens zwei Katzen.

Zu Hause – als Paar

Ich komme nach Hause, und es ist schon wieder alles anders. Er war offensichtlich beim Sport und hat anschließend den Inhalt seiner Sporttasche in den Flur gekippt. Männer und Hunde haben den unausrottbaren Trieb, ihr Revier zu markieren. Man könnte meinen, dass es dem Mann reichen sollte, wenn sein Name mit an der Tür steht, aber so ist es nicht. Dafür war er einkaufen. Erstaunlicherweise hat er sich zwar wieder nicht gemerkt, welche Salami ich mag (nämlich nicht die, die er immer kauft), aber der gute Wille zählt, und außerdem kocht er. Ausgerechnet heute, wo ich schon pappsatt bin. Aber Hunde und ich haben den unausrottbaren Hang zum Futtern. Sobald was im Napf ist, wird es gegessen. Alles andere wäre unhöflich gegen die Natur und gegen den Mann. Außerdem habe ich seit frühester Kindheit Futterneid. Ich habe feine Sensoren, die wahrnehmen, wenn jemand in der Wohnung etwas Essbares in die Hand nimmt. Mein Kinderzimmer war regelrecht schallisoliert, wann immer meine Mutter aus dem Nebenraum rief, ich sei mit Rasenmähen dran, aber wenn meine Oma im Keller ein Einmachglas mit Apfelmus im Regal verrückte oder eine seit zwei Jahren abgelaufene Packung »Edle Tropfen in Nuss« aus der Ecke zog, stand ich in Schallgeschwindigkeit neben ihr und setzte einen Gesichtsausdruck auf, den man sonst nur von Kindern auf »Brot für die Welt«-Plakaten kennt. Entsprechend schwierig ist es jetzt mit einem Mann, der ernährungstechnisch offenbar denkt, er ist noch im Wachstum oder zumindest im Straßenbau. Immer ist irgendwas im Kühlschrank. Immer wird irgendwas gegrillt, gebraten, gekocht. Ansonsten gehen wir essen. Seit wir zusammengezogen sind, habe ich schon vier Kilo zugenommen. Wenn er kocht, ist es laut, denn er kocht zu Musik. Die muss laut sein, um die Dunstabzugshaube zu übertönen. Auf Stufe drei könnte die Haube vermutlich auch das Smogproblem in Peking lösen. Stufe drei ist eine Art Windmaschine, die Orkane simuliert. Dazu telefoniert er. Ich höre an seinem Tonfall, dass er mit einem seiner Kumpel telefoniert, denn es wird viel gelacht. Männer lachen mit Männern so, wie sie sich auch untereinander begrüßen: mit kräftigen Schlägen auf den Rücken des anderen. Frauen dagegen berubbeln sich zur Begrüßung traditionell an den Oberarmen, was deutlich leiser ist. So lachen sie auch, es sei denn, sie sind betrunken. Ich bin aber nüchtern und müde, und für diesen Zustand ist es mir zu laut an einem Tag, der für mich ohnehin schon sehr laut war. Ich will eigentlich jetzt mal meine Ruhe. Aber wir teilen die Miete fifty-fifty, und er kann hier natürlich auch mal laut sein, wenn ich leise will. Beziehungen sind Arbeit. So steht's doch überall. Ich komme allerdings gerade schon von der Arbeit und frage mich, warum ich jetzt nicht Feierabend habe, sondern noch einen unbezahlten Zweitjob. Und warum muss eigentlich immer nur ich daran arbeiten? Und warum steht da immer noch der blöde Sessel? Wir haben schon tausendmal darüber gesprochen, dass der optisch wie geschaffen dafür ist, draußen als Sperrmüll an der Straße zu stehen …

Was mache ich mit dem Abend? Eine erste Online-Umfrage im Freundeskreis ergibt, dass 157 Prozent meiner Freundinnen keine Zeit haben. Die meisten haben Kinder, und die meisten Kinder haben gerade eine Phase. Die Maja schläft momentan nicht ein, wenn man ihr nicht sämtliche Bände »Petterson und Findus« vorliest, die Svea muss noch zum Kinderyoga, der Anton hat Grippe, und Luke hatte gestern Geburtstag, weswegen die Wohnung wieder restauriert werden muss, nachdem die Kinderpiraten sich benommen haben wie erwachsene Hooligans. Die kinderlosen Freundinnen haben zu 297 Prozent eine Beziehung. Die ist entweder gerade frisch, so dass das Hirn nur in Teilzeit arbeitet und Katja sich deswegen ein Longboard gekauft hat, Jasmin plötzlich Jazz hört und Tanja über einen Umzug nach Alt-Popelsdorf-Nord nachdenkt, weil ER da ein Haus hat, direkt neben seinen Eltern und unmittelbar gegenüber der einzigen Kneipe im Umkreis von 100 Kilometern, was aber dadurch kompensiert wird, dass die Natur so toll ist (»Wir haben sogar Rehe!«). Oder die Beziehung ist gerade in der Auflösungsphase, wo man wochenlang in Vollzeit damit beschäftigt ist, dem anderen Vorwürfe zu machen, und noch mal nachrechnet, wie viel Geld einen der Kerl gekostet hat, weil man die eigene, im Grunde perfekte, Wohnung aufgegeben hat, um an den Arsch der Heide nach Alt-Popelsdorf-Nord zu ziehen, wo es selbst den Rehen so langweilig ist, dass sie sich an den Zubringer zur Autobahn stellen, nur um da wegzukommen. Oder die Beziehung ist in Ordnung, was dazu führt, dass aller guten Dinge zwei sind oder dann eben erst wieder vier, mit einem anderen Wort: Pärchenabend. Singles werden auf Pärchenabenden ähnlich enthusiastisch begrüßt wie Flüchtlinge in Ostdeutschland. Geht man als Single trotzdem hin, wirken die Paare meist, als wären sie beim Benefiz oder machten Erwachsenen-Sitting. Oder man dient den Paaren als abschreckendes Anschauungsmaterial zum Thema Trennung. Also bleibe ich lieber wie Kevin allein zu Haus. Wofür gibt es denn das Internet? Das ist eine gute Frage, denn offensichtlich wurde es nicht für einen Abend allein zu Haus erfunden. Das Internet ist für Singles abends eine tödliche Falle. Auf Instagram zeigen alle nur ihr glückliches Leben, und auch wenn ich weiß, dass nichts davon stimmt, ist die Überschwemmung an #happylife, #bestdayever, #meinlebenistgeileralsdeinleben eine todsichere Autobahn in die Depression. Auf Facebook sitzt derweil der Pöbel, der mit schnell zusammengeschustertem Hass seine Abende füllt, was man sich nicht ins Haus holen will. Fast zwangsläufig lande ich bei Schuhen, Hosen, Hemden, Beauty, ich packe Warenkörbe, von denen ich weiß, dass ich den Inhalt weitgehend wieder zurückschicke, sobald er angekommen ist. Es gibt natürlich noch eine Vielzahl von Serien und Filmen. Actionfilme erinnern mich aber zu sehr an Mark, Romantic Comedys erinnern mich zu sehr daran, wie es mit Mark nie war. Serien haben den Nachteil, dass dort alle Figuren aufregend, skurril, exzentrisch und besonders sind, also das Gegenteil von meinem echten Bekanntenkreis, was sogar eine Abkürzung zur Autobahn in Richtung Depression ist. Bei den Dokus geht es viel um Hitler oder Haie. Ich mache einen Wein auf und überlege, ob alleine trinken schon ein Anzeichen von Depression ist. Ich gucke eine Doku über Depressionen, in der Alkohol nicht weiter erwähnt wird. Am Ende der Doku ist die Flasche leer, mein Bett auch und überhaupt mein ganzes Leben.

Freizeit – als Paar

Was machen wir mit dem Abend? Es gibt zig Möglichkeiten. Stefan und Alissa haben gefragt, ob wir um neun vorbeikommen wollen. Pärchenabend. Beim letzten Pärchenabend haben wir zusammen Pizza gemacht, und Stefan und Alissa haben darüber gestritten, ob sie Zwiebeln und Oliven auf ihre Hälfte legen. Zwiebeln und Oliven waren offensichtlich nur Platzhalter für schlechten Sex und andere Vorwürfe, die nicht direkt ausgesprochen wurden. Jetzt soll »Tabu« gespielt werden, und bei nichts wird es schneller ernst als beim Spielen. Könnte also anstrengend werden. Ich würde lieber um acht ins Kino. Der Film hat bei der Berlinale den Goldenen Bären gewonnen, könnte also anstrengend werden, findet Mark. Gut. Der Klügere gibt nach, denke ich. Dann eben Pärchenabend. Um Viertel vor acht steht Mark im Flur und ist bereit fürs Kino. Er hat sich wohl für den Klügeren gehalten und nachgegeben. Ich bin nicht fertig, weil ich dachte, wir gehen zu Stefan und Alissa. Bis ich fertig bin, hat der Film schon angefangen. Also doch Pärchenabend. Wir haben beide schlechte Laune. Ich, weil wir nicht im Kino sind, und er, weil sein nichtgebrachtes Opfer, mit mir ins Kino zu gehen, nicht gewürdigt wird. Als wir bei »Tabu« im selben Team sind und er den Begriff »Pizza« schlecht erklärt, werde ich sauer, und wir streiten uns. Ich nehme mir vor, beim nächsten Mal allein zu Haus zu bleiben.

Urlaub – als Single

Urlaub als Single ist wie Bratwurst als Eis, also zwei an sich total gute Sachen, die aber durch die bloße Kombination zu etwas Seltsamem werden, was keiner haben will. Man kann eher ankündigen, dass man sich selbst den Blinddarm rausnimmt, als zu sagen, dass man allein in Urlaub fährt. Wer das in meinem Alter tut, hat alles falsch gemacht. Mit Anfang zwanzig ist alleine wegfahren kein Problem, und ab Anfang sechzig geht's auch wieder. In beiden Fällen ist es mehr oder weniger immer Sex-Tourismus, getarnt als Club-Urlaub oder Bildungsreise. Aber dazwischen, in meinem Alter, finden es alle einsam, schlimm und falsch. Mittlerweile sage ich, ich fliege allein nach Ungarn für eine Nasen-OP oder lasse mir in Bulgarien die Brüste machen. Das finden alle nachvollziehbarer als einen Single-Urlaub am Mittelmeer. Selbst Kolumbus fuhr nicht alleine weg, und der machte das beruflich. Und in der Tat:

Alleine bekommt man im Flugzeug immer den Mittelplatz zwischen den zwei Leuten, die All-you-can-eat-Büfett offenbar wörtlich genommen haben und zusammen mehr wiegen als das Flugzeug. Man bekommt in den Hotels immer die Zimmer, die neben dem Aufzug, über der Küche oder hinter der Angestellten-Toilette liegen. Man bekommt in Restaurants immer die Tische neben der Küche, direkt vor dem Klo oder hinter dem Eingang. Alleinessende Frauen versprechen wenig Umsatz und wenig Trinkgeld und verbreiten offenbar eine Aura von Einsamkeit, die kein Laden ausstrahlen will. Dafür ist in fremden Ländern die Stille meist noch lauter als zu Hause. Alle reden in einer anderen Sprache, während ich manchmal den ganzen Tag nichts sage außer:»Can I have that with french fries?« Zu wenig für meinen angeborenen Sprechzwang. Alle anderen kennen sich aus in der fremden Stadt, während ich manchmal nicht weiß, warum ich überhaupt hier bin. Die alltäglichsten Dinge sind hier anders und fallen auf. Dort drüben war ein Paar zusammen einkaufen, sie tragen eine Flasche Wein und Salat, während hinter dem Lädchen tatsächlich eine Palme steht und die Sonne langsam untergeht. So, dachte ich immer, sollte das Leben sein. Da vorne hat eine Frau auf einer Vespa offenbar auf ihren Freund oder Mann gewartet, der jetzt Feierabend hat. Vielleicht fahren sie noch an den Strand. Es sieht aus wie ein Werbespot für Glück. Es wäre eine gute Werbung, denn ich will es unbedingt auch haben …

Urlaub – als Paar

Werbung lügt. Im Internet lag ein Paar in unserem Alter am Pool dieses Hotels, trank Getränke mit bunten Schirmchen und war rundum braun und restlos glücklich. Wir dagegen haben Jetleg und Sonnenbrand, trotz eines Lichtschutzfaktors, mit dem man die Erderwärmung aufhalten könnte. Im Gegensatz zum Hotelhomepagepärchen sind wir auch nicht alleine hier, sondern mit vielen anderen, die alle endlich mal abschalten wollen. Wir haben jetzt Zeit nur für uns, was aber auch heißt nur für uns. Wir sind plötzlich den ganzen Tag zu zweit, der ganze Tag aber dehnt sich auf viele Stunden, und die Geschichten, die wir in unseren Leben schon so erlebt haben, sind weitgehend erzählt. Ich kenne die Anekdote, wie sein bester Kumpel sich wegen zu viel Apfelkorn beim ersten Mal mit einer Frau gleich auf ihr Bett übergeben hat, und die Geschichte, wie er selbst sich im Leistungskurs Deutsch durchmogeln wollte und die Klassenstreberin ihm weisgemacht hat, bei »Homo Faber« ging es um einen schwulen Schweizer Boxer. Und die Geschichte, wie er beim ersten Mal durch die Führerscheinprüfung gefallen ist, weil er beim Einparken einen Rollator übersehen hat. Er kennt meine Geschichten auch. Wir müssen dringend neue Geschichten erleben, aber kommen nicht mehr dazu im Alltag. Und jetzt im Urlaub? Klar, wir könnten Ausflüge machen. Wenn es weniger heiß wäre. Wir könnten tauchen lernen. Wenn ich weniger Schiss hätte. Wir könnten neue Leute kennenlernen. Wenn hier nicht hauptsächlich Holländer wären. Zwei Menschen für zwei Wochen mit Erwartungen eines ganzen Jahres. Die Tage fliegen vorbei, und Gott sei Dank funktioniert das Handy. Dort lesen wir, zu Hause ist es fast so warm wie hier. Die Freunde schicken Bilder vom Grillen im Garten, während hier schon eine Tomatensuppe so viel kostet, dass die Tomaten mindestens einen Hochschulabschluss haben müssten, um das zu rechtfertigen. Ich will lesen, er will Jet-Ski. Ich will Sex, er will schlafen. Er will ins Meer, ich wollte eigentlich von Anfang an sowieso lieber in die Berge. Vielleicht fahren wir das nächste Mal getrennt …

Sex – als Single

Der Mann gibt sich Mühe. Er hat gekocht. Ein Rezept seiner Mutter, über die er für meinen Geschmack etwas zu lange spricht. Aber er hat eine gute, warme Stimme, und er ist aufmerksam. Ist dir kalt? Willst du ein Wasser zum Wein? Der Wein ist auch gut. Das sage ich ihm. »Ein Geschenk meiner Mutter«, sagt er. Irgendwas ist da definitiv im Argen. Ich finde, Mutterwein ist wie Muttermilch kein Getränk, was bei einem Date zum Einsatz kommen sollte. Die Fleischbällchen müssen ziehen. Wir füllen die Wartezeit mit Geschichten. Ich hab so viele, die er alle noch nicht kennt. Und er hat auch welche. Eine sehr lustige von seinem Kumpel, der mal bekifft in der Jugendherberge vom Stockbett gepinkelt hat. Ich hab eigentlich gar keinen Hunger. Im Grunde ist essen eh keine gute Grundlage für Sex. Und Sex, das wissen wir hoffentlich beide, ist der eigentliche Grund, weswegen ich heute hier bin. Nach den Treffen in Bars und Restaurants und den Telefonaten. Essen ist eigentlich nur der Vorwand. Aber Essen macht müde. Essen macht auch dick. Beides will man beim ersten Sex nicht sein. Die Fleischbällchen müssen sehr lange ziehen. Ich hingegen muss morgen früh raus. Die Fleischbällchen und ich werden irgendwie keine Freunde. Ich könnte jetzt einfach hingehen, an den Herd, und könnte sagen, dass wir ja schon mal mit einer Vorspeise anfangen könnten. Und ihn küssen. Aber vielleicht ist er dann beleidigt, weil ich nicht richtig würdige, wie viel Arbeit er in den Abend und die Bällchen investiert hat, und außerdem hat schon meine Mutter gesagt, dass ich nicht flirten kann. Jetzt rede ich auch schon über meine Mutter! Ich bin ein bisschen eingerostet im Daten. Die Fleischbällchen müssen noch immer ziehen, er kippt Wein nach. Seine Wohnung ist so, dass klar ist, wir haben geschmacklich nur eine kleine Schnittmenge. Ist ja nicht schlimm, wir müssen ja nicht gleich zusammenziehen, aber ich bin jetzt in dem Alter, wo man so was trotzdem schon mal abcheckt. Genauso wie alle seine kleinen Gewohnheiten. Wie er beim Lachen Luft einatmet und dadurch jedes Mal so klingt, als hätte er einen kleinen Asthmaanfall. Ich sehe Potential, dass mich das früher oder später irre macht. Die dichtbehaarten Unterarme. Dass er Wasser mit Kohlensäure trinkt, während ich immer stilles Wasser trinke. Da stehen Fotos auf dem Regal. Mir völlig fremde Menschen, die ihm viel bedeuten. Ein schon gelebtes Leben, das bis vor kurzem ohne mich stattgefunden hat. Er sieht meinen Blick und sagt:»Das auf dem kleinen Bild ist meine Mutter!« Ich begrabe meinen Plan mit der»Vorspeise« endgültig. Ich kann ihn nicht küssen, wenn seine Mutter dabei zusieht. Und überhaupt, was hat er mit seiner Mutter am Laufen?

Ich sehe, dass er Sahne in die Soße kippt. Seit ich aufgehört habe zu rauchen, vertrage ich keine Milchprodukte mehr, wobei der Begriff»Unverträglichkeit« definitiv zu harmlos klingt. Schon kleinere Spuren von Milch können an schlechten Tagen bei mir zu Magen-Darm-Aktivitäten führen, die man nur unter massivem Einsatz von Duftkerzen, Raumspray und Dunstabzugshauben auf Stufe drei überdecken kann. Auf der Liste der Romantikkiller rangieren Laktoseblähungen definitiv noch vor seiner Mutter. Die Inkubationszeit zwischen Essen und Magen-Darm ist meist auch zu kurz, um da noch Sex zwischenzuschieben. Ich kann nur hoffen, dass ich meine Laktosepillen dabeihabe und dass sie dieses Mal auch wirken. Mein Körper ist da launisch und arbeitet mitunter gegen mich. Die Fleischbällchen sind fertig und lecker. Wir reden, wir lachen, wir trinken Wein, wir wechseln auf die Couch. Ich fühle mich dick und gefährlich, weil noch nicht klar ist, ob die Pillen wirklich wirken. Ich kann das nicht thematisieren. Die meisten wirklich wichtigen Sachen kann man sich nicht sagen, wenn man sich so wenig kennt wie wir, aber auf dem Weg ist, sich gleich nackt zu sehen. Das ist das Absurde. Er riecht gut, nach Essen, nach Wein, nach Mann. Seine Hände fühlen sich gut an. Ich mag ruhige, sanfte Bewegungen, nichts, was sich anfühlt, als wollte der Mann mich nach dem Baden trockenrubbeln. Er scheint das zu ahnen. Das ist gut. Es sind ja immer die Kleinigkeiten. Brad Pitt mit abgekauten Fingernägeln geht nicht. Ryan Gosling mit Schweißfüßen kann schwierig werden. Ich muss aufpassen, dass ich ihn nicht aus Versehen Mark nenne, ich muss aufpassen, dass ich so liege, dass nicht siebzig Prozent meines Körpers hängen, ich muss aufpassen, dass ich dabei nicht von der Couch falle, ich muss aufhören aufzupassen, sonst macht das hier keinen Spaß. Ich finde seine Geräusche lustig, es ist die Fortsetzung seines Lachens als Stöhnen. Ich muss aufpassen, dass ich nicht lache. Ich mag, was er macht. Ich weiß nicht, was ich mache. Ich will was anders machen als bei Mark. Ich muss lockerlassen. Ich habe gerade an Mark gedacht. Ich muss aufhören, an Mark zu denken. Ich darf ihn wirklich nicht Mark nennen. Mein Magen grummelt wie ein aufziehendes Gewitter. Die Couch ist unbequem. Er hat schöne Augen. Da drüben stehen noch mehr Fotos. Womöglich wieder seine Mutter. Die ganze Bude ist ein Ödipus Palace. Ich kann auf keinen Fall hier übernachten. Ich hab nicht mal eine Zahnbürste dabei. Ich muss lockerlassen. Ich hab noch Muskelkater vom Sport, das kann er nicht wissen. Er hat einen festen Hintern. Ich muss die Stellung wechseln. So ist es besser für die Oberschenkel. Er sieht gut aus in diesem Licht. Ich weiß nicht, wie ich aussehe. Ich denke, ich sollte versuchen, nicht zu denken. – – –

Sex – als Paar

Nach zwanzig Minuten fällt uns auf, dass wir den Film schon gesehen haben. Damals im Flugzeug auf dem Weg aus dem Urlaub. Wir fanden ihn beide in Ordnung, aber nicht so gut, dass man ihn noch mal gucken muss. Wir brechen also ab, wir gucken zwei Dutzend Trailer möglicher Filme und können uns auf keinen einigen. Zu brutal, zu lang, zu kompliziert, zu irgendwas. Wir gucken dann den angefangenen Film weiter. So schlecht war der ja nicht. Immerhin mit dem, in meinen Augen, unterschätzten Sam Worthington. Wir machen noch einen Wein dazu auf. Das Pärchen im Film küsst sich. Es sieht leidenschaftlich aus. Auf unserer Couch knetet er dabei geistesabwesend meine Füße. Im Film trägt Sam Worthington die Hauptdarstellerin ins Schlafzimmer, und sie kann sich dabei gleichzeitig das Top ausziehen. Auf unserer Couch schleicht sich seine Hand mein Bein hoch. Im Film fällt das Pärchen übereinander her. Die Musik wird lauter. Auf der Couch ist die Hand an meinem Bein jetzt schon auf halber Strecke. Das ist sein erprobtes Angebot, seine zögerliche Nachfrage. Wenn ich das Bein jetzt leicht zu ihm hinschiebe, bedeutet das: »Mach weiter«, andernfalls tue ich so, als hätte ich nichts bemerkt. Bein heißt ja. Den Film habe ich, wie gesagt, schon gesehen, und es ist Sonntag, ich schiebe das Bein also zu ihm hin. Prompt folgt seine zweite Hand der ersten. Die Couch ist vertrautes Terrain. Die Couch ist Heimspiel. Er weiß, welches Kissen weich ist und welches kratzt, er weiß, welches davon er wo hinlegen muss. Ich weiß, wie ich liegen muss, damit mir die Seitenteile nicht ins Genick drücken. Über seinen Nacken hinweg sehe ich noch Sam Worthington, der schon durch ist mit dem Sex und bereits rauchend im Bett liegt. Er raucht sehr schön. Die Frau sieht ihn verliebt an. Er guckt verliebt zurück. Ich versuche, mir vorzustellen, wie es ist, wenn Sam Worthington mich verliebt ansieht. Dabei bewegen sich zwei vertraute Hände auf mir. Man müsste den Filmton leiser machen. Ich mag es nicht, wenn mir fremde Leute in den Sex quatschen. Die Fernbedienung ist aber wie immer nicht da, wo man sie braucht. Also reden die Leute im Fernsehen, und die beiden im Film haben jetzt schon Ärger. Dem Besitzer der Hände auf mir stört es nicht, wenn geredet wird. Wir ziehen uns routiniert aus. Sam Worthington raucht schon wieder. Mark flüstert etwas, was ich nicht verstehe. Ich muss aufpassen, dass ich ihn Mark nenne, wobei ich nicht sicher bin, ob Namen heute überhaupt fallen. Ich müsste ihm mal sagen, dass mir das nichts bringt, was er da macht, aber ich hab vermutlich den Zeitpunkt verpasst, wo ich es hätte sagen können. Die meisten wirklich wichtigen Sachen kann man sich nicht mehr sagen, wenn man sich so lange kennt wie wir. Das ist das Absurde. Mark hat schöne Hände. Gerade jetzt im Gegenlicht des Fernsehers. Alles ist vertraut. Alles ist wie der Film, den wir schon gesehen haben. Solche Gedanken kann ich jetzt nicht gebrauchen. Ich brauche andere Gedanken. Ich muss aufhören zu denken. Was Männer nicht verstehen, ist, dass Frauen sich in eine Stimmung bringen müssen. So wie Kung-Fu-Mönche, die dicke Bretter mit der Stirn zerschlagen können, wenn sie sich vorher konzentriert haben. Sind sie aber unvorbereitet, macht das Brett an ihrer Stirn auch ihnen eine Gehirnerschütterung. Kung Fu ist jetzt das falsche Bild. Ich muss an etwas anderes denken ...

Glück – Als Single

Ich kann heute rücksichtslos alles rumliegen lassen. Auch mich. Aufräumen kann ich morgen noch oder übermorgen. Ich muss mich nicht mal anziehen, wenn ich nicht will. Die Königin hat keine Repräsentationspflichten. Die Königin wird zudem den Lunch heute im Schlafraum einnehmen, und er wird aus einem großen Becher warmem Milchreis mit Kirschen bestehen. Vermutlich werden die Laktosepillen dagegen nicht ankommen, aber wen soll das stören? Es sind schon viele verhungert, aber noch niemand ist erstunken. Ich kann mir den Laptop ins Bett holen und bei YouTube Filme über sehr niedliche Igel im Waschbecken angucken, und danach Katzenvideos oder eine Doku über Hitlers Haie ohne schlechtes Gewissen und ohne dass jemand fragt: »Was machst du da?« Ich bin meine eigene Herrin. Bestimmerin über mich. Im Grunde ist Alleinsein der einzig mögliche Zustand, weil man ab einem gewissen Alter so viele Macken hat, die mit den Macken eines anderen Menschen nicht mehr kompatibel sind. Die Sonne scheint, und das hier, das ist mein Tag. Mittagsschlaf. Und danach Musik aufdrehen. Noch eine Runde durch den Park laufen. Nur ich. Nur mit mir. Es ist sehr gut so, wie es ist.

Glück – Als Paar

Der Moment, wenn wir von einer Party nach Hause fahren. Aus der Welt da draußen wieder zurück in unsere Welt. Nach Hause. Manchmal die zwei besten Worte der deutschen Sprache. Wir reden über den Abend, über die anderen, wie komisch alle geworden sind, und hast du gesehen, was Liliane wieder anhatte und wie unmöglich Oktay seine Freundin behandelt und wie schlimm Annes Salat geschmeckt hat. Ich bin so froh, dass wir zusammen nach Hause gehen. Ich hab dich vorhin mitten im größten Trubel mal angesehen, quer durch den Raum, und kannte dein Lachen, die Art, dir die Haare aus dem Gesicht zu streichen, die Art, dein Glas zu halten. So vertraut wie ein Stück Heimat. Ich hab dir angesehen, was du von Jonas' neuer Freundin hältst. Dasselbe wie ich. Ich kenne dich und du mich auch. Jeder Mensch will gekannt werden. Jeder will, dass es einen gibt, der auch um unsere schlechten Seiten weiß, um unsere Macken, unsere Unzulänglichkeiten, um all das, was wir nicht können, nicht wissen, nicht hinkriegen. Einer, der weiß, wie wir mit Fieber aussehen und wenn wir Angst haben, der uns gesehen hat, als alles schlecht war, und der trotzdem geblieben ist. Der eine Mensch, der trotz allem ja sagt. Das bist du. Du bist mein Mensch, und es ist gut, dass du uns jetzt nach Hause fährst, durch die dunkle Nacht, vorbei an all den anderen Häusern, wo hinter den Fenstern Licht brennt, fremde Gemütlichkeit, für andere Menschen, die ich alle nicht kenne. Dich aber kenne ich. Wir beide aber fahren heim, zu uns. Ich weiß nicht, wie ich alleine durch diese Nächte käme. Und jetzt spielt das Radio ein Lied, manchmal nämlich ist Gott doch ein DJ, und es passt so gut zu uns und unserer nächtlichen Fahrt. Weißt du was? Nirgendwo sonst auf der ganzen, sehr großen, sehr runden Welt möchte ich jetzt sein, nirgendwo anders als hier mit dir in diesem Auto auf dem Weg nach Hause. Ich glaube, das ist Liebe.

Die Liebe
und die Anfänge und Enden

I

Der Typ ist der absolute Hammer! Er ist perfekt! Er ist so alt wie ich, hat Augen und Hände und spielt Schlagzeug und ist perfekt! Das ist er! Meine große Liebe! Ich weiß es! Ich bin mir zu hunderttausend Prozent sicher. Ich bin zwölf und schon durch mit Suchen! Für immer, denn jetzt gibt es Markus. Es kann sein, dass ich meine Meinung zu Möhren, Mathe oder meinen besten Freundinnen noch ändere, aber nicht zu Markus. Das ist fix, das ist klar. Ich weiß es. Ich weiß es noch sicherer, als dass Schnullerketten super sind und man Plateau-Buffalos braucht. Die Einzigen, die das nicht wissen, sind erwachsen. Sie lächeln ihr blödes Erwachsenenlächeln, weil sie's nicht ernst nehmen. Nichts, was man mit zwölf macht, tut, denkt, fühlt, nehmen sie ernst. Außer Mathe. Mathe nehmen sie sehr ernst. Mathe ist wichtig. Darum muss ich mich kümmern, sagen sie. Markus nicht. Markus ist nicht so wichtig. Dabei ist Markus hundertultrazillionen Mal wichtiger als Mathe. Den Markus brauche ich, Mathe hab ich in meinem ganzen Leben noch nicht gebraucht. Außer wenn Sachen runtergesetzt sind und es zum Beispiel 20 Prozent auf T-Shirts gibt und ich nie sicher bin, wie viel das ist. Das machen wir aber in Mathe nicht, und das ist typisch. Man lernt von den Erwachsenen nie das, was man wirklich braucht im Leben. Die Erwachsenen sagen zwar, dass sie Bescheid wissen mit dem Leben, aber das stimmt nicht. Sie haben trotzdem manchmal recht. Es war echt keine gute Idee, auf das Spaghettieis noch die Apfelschorle zu trinken. Da hätte ich auf Oma hören sollen. Oder dass die Wespen im Freibad die Fanta riechen können. Mama hat's gesagt. Hatte sie recht, das können sie wirklich. Weiß ich jetzt. Oder als ich den Pullover haben wollte. Den schönsten Pullover auf der ganzen Welt. Dick, flauschig, rosa, mit großen pinken und lila Rosen drauf. Ich wollte noch nie was so sehr haben wie diesen Pullover. Da haben sie gesagt, dass ich den von meinem Taschengeld bezahlen muss, weil ich den nicht brauche. Fanden sie. Dabei braucht man ja manchmal einen Pulli, auch wenn man ihn nicht braucht. Das weiß man aber vielleicht nur, wenn man zwölf ist, und vergisst es wieder, wenn man dreißig ist oder noch älter. Der Pulli kostet fast 30 Mark. Das ist genauso viel wie siebzig Milliardenmillionen Mark, weil, mein ganzes Geld sind gerade mal knapp 40 Mark. Ich muss mich entscheiden zwischen meinem ganzen Geld und dem Pulli, und da hab ich mich gegen das ganze Geld entschieden und den Pulli gekauft. Das Geld hab ich in einer durchsichtigen Plastikkugel um den Hals, und die Verkäuferinnen reden zum ersten Mal mit mir und nicht mit meinen Eltern, denn ich hab ja das Geld, und damit bin ich auch eine echte Kundin und nicht bloß ein Kind.

Als ich den Pulli hatte, da war er noch in der Tüte gewesen, und wir waren fast schon zu Hause, da wollte ich ihn auf einmal nicht mehr, weil ich plötzlich gemerkt habe, dass ich ihn doch gar nicht brauche, aber das Geld schon, weil ich mir ohne Geld total verratzt vorgekommen bin. Da war Mathe plötzlich doch wichtig, weil knapp vierzig Mark minus fast 30 Mark, da bleibt am Ende echt wenig, und darüber hab ich vorher nicht so richtig nachgedacht. Außerdem war der Pulli rosa, und eigentlich mag ich gar kein Rosa, und plötzlich ist der Pulli in der Tüte total schwer geworden, und ich hab total geschwitzt, obwohl ich den Pulli noch gar nicht anhatte. Dann musste ich heulen, richtig schlimm heulen. Nicht nur, weil das Geld weg war, sondern auch weil ich gemerkt habe, dass ich mir selber nicht trauen kann bei dem, was ich gut finde. Ich bin genauso mal »hü« und mal »hott«, wie meine Oma immer sagt, und das ist schrecklich, weil mit Hü-und-hott-Menschen irgendwas nicht stimmt und ich nicht weiß, ob das irgendwann wieder weggeht oder man für immer ein Hü-und-hott-Mensch ist. Ich hab so lange geheult, bis wir den Pulli zurückgebracht haben, ungetragen, und mein Vater musste mit den Ladenleuten noch lange reden, damit sie mir das Geld wiedergeben. Das war unglaublich mistig gewesen mit dem Pulli, weil die Erwachsenen schon wieder recht hatten, mit Mathe und dem Pulli und überhaupt. Aber das war vor einem Jahr, also vor Ewigkeiten, damals war ich gerade elf, also voll klein. Markus ist nicht rosa und kein Pulli, und er kostet auch kein Geld. Und mit Liebe kennen die Erwachsenen sich eben nicht aus. So wie der Markus mich neulich angeguckt hat, so gucken sich sonst nur Leute im Fernsehen an. Alle Erwachsenen, die ich in echt kenne, gucken nie so. Sie gucken immer nur so wie Mathe. Langweilig. Sie sehen nicht so aus, als würden sie wissen, wie Liebe geht. Ich weiß es auch nicht. Ich hab nur eine Ahnung. In der BRAVO stand was, ich hab's mir aber nicht so richtig gemerkt, das war nämlich vor dem Markus, und meine Mutter hat die BRAVO schon weggeschmissen. Typisch. Aber in Filmen geht es oft um Liebe, das weiß ich, und deswegen wollen Markus und ich ins Kino. Wir können aber nur nachmittags ins Kino, weil abends dürfen wir beide nicht in die Stadt, und die Abendfilme, in denen hundertprozentig geknutscht wird und solche Sachen, diese Filme sind eh erst ab achtzehn. Auch so ein Erwachsenenquatsch, als wäre Liebe erst ab achtzehn machbar. Der Film, der nachmittags läuft, heißt »Cool Runnings«, und da geht es gar nicht um Liebe, sondern ums Bobfahren, was noch blöder ist als Mathe. Aber wir haben nur ein Kino in der Stadt, deswegen gehen Markus und ich in »Cool Runnings«. Wir sitzen nebeneinander und gucken nach vorne auf die Leinwand, wo Leute aus Jamaica irgendwie bei den Olympischen Spielen mitmachen wollen. In dem ganzen Film kommt nichts mit Küssen oder Knutschen oder Schmusen. Nur Bobfahren. Wir gucken eine Stunde lang den langweiligsten Film der Welt, dann reißt Markus schnell meine Hand in seine. Als würde er sie klauen wollen. Den ganzen restlichen Film über sitzen wir so da. Unsere Hände sind innen total nass, wie nach dem Händewaschen, nur viel, viel besser. Meine nasse Hand ist das Aufregendste, was mir in meinem Leben bislang passiert ist. Dagegen ist Kirmes zum Beispiel fast langweilig. Ich kann mir nicht vorstellen, dass die Erwachsenen in ihren Leben Aufregenderes erleben.

Ich kann mir nicht vorstellen, dass Mathe jemals wichtiger sein kann, als im Kino neben Markus zu sitzen und »Cool Runnings« zu gucken. Ich kann mir nicht vorstellen, dass es Besseres gibt auf der Welt.

Markus ist jetzt über zwanzig Jahre her. Ich weiß nicht, was aus ihm geworden ist, aber ich weiß bis heute, wie das Kino an diesem Tag von innen aussah, ich kann mich genau an das Muster der Sitze erinnern, an denen noch Popcorn klebte, ich kann bis heute nicht Bobfahren im Fernsehen gucken, ohne an unsere verschwitzten Hände zu denken, und ich weiß noch, wie die Liebe neu, groß und einmalig war.

Später war ich in einen anderen Markus* verliebt. Unsterblich, wie man immer so sagt und wie es auch damals schon nicht stimmte, denn zumindest auf seiner Seite war die Liebe sehr sterblich. Dass sie tot war, erfuhr ich kurz vor den Sommerferien, als Markus mit mir Schluss machte. Ich war 15, und vor mir lagen sechs Wochen ohne Schule, ohne Markus und ohne Sinn. Während alle ins Freibad zum Schwimmen gingen, ging ich in mein Zimmer zum Heulen, wenn abends alle aus dem Freibad zurückkamen, heulte ich immer noch. Die Welt war aus den Fugen, ich war aus den Fugen. Eine Freundin glaubte, ein Freibadbesuch brächte auch mich auf andere Gedanken. Kaum hatte ich mich da auf meine Matte gesetzt, fragte die Freundin: »Willste auch ein Eis?« Ich hörte diesen mitleidigen Unterton, und das Mitleid bezog sich auf Markus, der ja mit mir Schluss gemacht

* Der Einfachheit halber und völlig willkürlich heißen übrigens alle meine Exfreunde in diesem Buch Markus.

hatte, woran ich gerade zweieinhalb Sekunden mal nicht gedacht hatte. Da war schon wieder alles vorbei, und ich heulte genug Wasser zusammen, um das Nichtschwimmerbecken zu füllen. Ich heulte, sobald einer sagte »Wie geht's?«, sobald jemand die Schule erwähnte (in die ja auch Markus ging), oder wenn in den Nachrichten Markus Wasmeier vorkam, der bei den Olympischen Spielen Medaillen gewonnen hatte. Ich heulte, wenn mein Vater nach dem Rasenmähen sagte: »Ich mach Schluss für heute!« Am Ende gab es in der ganzen Stadt kein Café, keine Eisdiele, überhaupt keinen Laden, der von mir unbeheult blieb. Ich heulte in Cappuccinos*, in Big Macs, in Eisbecher und Apfelschorlen. Ich weinte in Umkleidekabinen und zwischen den Regalen von Elektrofachmärkten. Ich beschloss, zu Hause zu bleiben. Für immer. Markus hatte mir das Herz in Stücke gebrochen. Einfach so. Auch hier kamen die Erwachsenen mit ihrem erwachsenen Trost, der darin bestand, zu sagen, dass alles nur halb so schlimm war, dass die Liebe und damit auch der Liebeskummer noch gar nicht richtig zählten. Aber mein Scheißherz war ja kaputt, und wenn man sich mit fünfzehn den Arm bricht, ist der Arm doch genauso kaputt wie mit zwanzig, dreißig oder siebzig. Im Gegenteil, beim Herzen gilt sogar, dass the first cut the deepest ist. Und während man das mit 15 weiß und sich sicher ist, dass man es vermutlich nicht überleben wird, kommen die Alten

---

* Ich weiß schon, dass es eigentlich Cappuccini heißt, aber Leute, die beim Italiener »grazie« sagen, oder eben zwei Espressi bestellen, weil sie im Urlaub mal am Gardasee waren, sind mit ziemlicher Sicherheit ähnlich sympathisch wie Leute, die wissen, dass es Parodontose heißt (s. S. 65).

und sagen, dass es quasi nur Placebo-Schmerzen sind, die gar nicht richtig weh tun, weil man noch gar nicht weiß, wovon man redet. Das stimmt nicht. Was stimmt, ist, dass wir später aus anderen Gründen lieben. Weil jemand dieselben Interessen hat wie wir, weil wir uns vorstellen können, mit dem anderen Kinder zu kriegen oder wenigstens eine bessere Steuerklasse, weil wir hoffen, dass der andere uns irgendwie absichert, gegen die Altersarmut, gegen das Alter oder wenigstens gegen das Alleinsein. In Markus hatte ich mich verliebt wegen seiner Haare, seiner Jacke, seinem Lachen, seiner lustigen Art, die Nase kraus zu ziehen, wenn er was nicht verstanden hatte. Die Erwachsenen hatten natürlich recht. Ich hab mich nach den Markussen noch in andere verliebt, aber bei denen muss ich heute manchmal überlegen, wie sie hießen, und nie wieder hab ich mich so ohne Plan verliebt, so ohne Lebensdrumrumfragen, nie wieder so einfach so. Diese ersten Anfänge und diese ersten Enden sind genau das Gegenteil von Kinderkram und gehören zu den Dingen, auf die uns keiner vorbereitet, über die wir nichts lernen und die uns keiner beibringt. Stattdessen haben wir Mathe.

II

Meine Erwachsenen wollten immer mein Bestes. Sie wollten, dass ich gut vorbereitet rausging ins Leben. So wie sie wollten, dass ich nicht ohne Jacke, drei Capri-Sonnen und Wechselunterwäsche auf Schulausflüge ging. Aber nach allem, wie sie mich aufs Leben vorbereiteten, schien das Leben fies und hinterhältig zu sein. Es wartete offenbar nur darauf, einen fertigzumachen, denn meine

Erziehung bestand größtenteils aus Warnungen. Als ich in den Kindergarten kam, hieß es, dass jetzt der Ernst des Lebens anfange. Das hörte sich nicht gut an. Ich wollte da nicht hin. Ein Garten, das war bislang für mich immer etwas Schönes gewesen, wo man rumlaufen, spielen und Spaß haben konnte, ein Garten mit oder für Kinder, das klang doch eigentlich total vielversprechend, und jetzt sollte es gar nichts mit Spaß zu tun haben, sondern mit Ernst?? Es war dann am Ende gar nicht so schlimm, aber zur Einschulung hieß es wieder, jetzt käme er nun endgültig, der Ernst des Lebens. Der Ernst des Lebens war so was wie der schwarze Mann. Wenn er kommt, dann laufen wir. Ich hatte deswegen Angst vor dem, was mich in der Grundschule erwartete, und dachte, das Gymnasium sei auf keinen Fall zu machen. Irgendwie ging es dann aber doch. Meistens war es sogar ganz gut. Aber da, wo ich herkomme, sieht man immer eher die Risiken als die Chancen. Man ist gewohnt, dass Pläne scheitern, man geht davon aus, dass einem Steine in den Weg gelegt werden, Steine, aus denen man keine Brücken oder Paläste baut, sondern Hindernisse. Die Quintessenz des Lebens war: Es kommt erstens anders, als man denkt, es kommt zweitens immer dicke, und wenn's nicht sofort so dicke kommt, kommt immer noch das dicke Ende. Über Liebe sprach niemand. Auch nicht über Sex. Meine Jugend fand noch vor dem Internet statt, das heißt, man kam damals noch nicht mit einem Klick von den »Wilden Hühnern« zu einem Gangbang. Wir hatten einfach noch ganz analog keine Ahnung. Von Sex nicht und von Liebe erst recht nicht. Die Erwachsenen aber wahrscheinlich auch nicht. Meine Oma kommt aus einem kleinen Dorf und hat jemanden geheiratet, der aus dem Dorf neben ihrem Dorf kommt. Die Auswahl an möglichen Männern war für sie so groß wie für Schneewittchen. Auch sie konnte darauf warten, dass der Prinz vorbeikam, aber die unmittelbar verfügbaren Männer waren eher so wie Seppel, Pimpel und Schlafmütz, nur nicht ganz so klein. Für meine Mutter hatte sich die Auswahl schon vergrößert, reichte aber immer noch nicht weiter als bis zur Endstation vom Bus. Vielleicht war Liebe für die Erwachsenen etwas, das höchstens in Büchern und Filmen vorkam, die aber aus gutem Grund nicht in ihrer Gegend spielten. Was sollten die mir also über die Liebe sagen? Klar, in der Schule hatten wir Aufklärungsunterricht, aber da ging es hauptsächlich um AIDS und Verhütung, wir sahen einen gezeichneten Penis und einen Film über Schwangerschaft, aber es war auch hier so wie vor dem Kindergarten. Man bekam Warnungen. Sich auf die »Liebe« einzulassen war, wie ein Ticket für einen Horrorfilm zu kaufen: Es konnte nett und harmlos anfangen, aber es war klar, dass es irgendwann zwangsläufig blutig, gruselig und schlimm werden würde. Oder langweilig. Ich werde das später mal anders machen, dachte ich. Sollte ich mal ein Kind haben, dachte ich, dann werde ich das ganz anders machen und ihm das sagen, worum es wirklich geht …

»Golda*, komm mal her! Guck, hier sind Kakao und Kekse. Die guten, mit Schokolade und Gluten, Fett

---

* Ja, Golda. Klar, in der Schule werden die Jungs sie Gouda nennen. Einer wird sagen, »Reden ist Silber und Schweigen ist Golda«, einer wird sagen, wie geil es wäre, wenn sie später mal einen Mann heiratet, der mit Nachnamen Fisch heißt, aber meine imaginäre Tochter heißt trotzdem Golda.

und Zucker, denn ich will dir heute was über die Liebe sagen, und die Liebe, das ist was, wo man nicht anfangen darf, Kalorien zu zählen. Das ist schon mal gleich das Erste, was du wissen musst. Liebe ist die beste Diät. Wenn du verliebt bist, brauchst du kein Mittagessen, kein Abendessen und keine Snacks, nicht mal Kaffee. Gerade Kaffee brauchst du dann nicht, denn dein Herz klopft sowieso schon wie verrückt, und verrückt sind dann auch dein Kopf und sämtliche andere Organe. Die Hormone machen nämlich einen Betriebsausflug in deinem Körper, mit Polonaise, Party und allem. Tagelang, wochenlang. Ewig hält das nicht, aber es ist sehr schön, und es ist eine gute Erinnerung, und das, mein Schatz, ist das Ziel des Lebens. Erinnerungen. Du musst dich vor nichts im Leben fürchten, nur vor den Tagen, die vorbeigehen, ohne dass irgendwas Erinnernswertes passiert ist. Merk dir das, schreib dir das auf, zur Not als Tattoo. Manchmal ist das Erinnernswerte sogar das Ende einer Liebe. Das kommt vor. Auch bei Liebeskummer nimmst du übrigens ab, es sei denn, du kommst nach mir und kompensierst Frust durch Essen. Das Ende einer Liebe kann richtig weh tun, ich will dir da nichts vormachen. Wie Zahnschmerzen in der Seele. Und jedes Mal, wenn es passiert, ist es anders. Im Guten wie im Schlechten. So wie der Blitz nicht zweimal in dieselbe Stelle einschlägt. Jede Liebe fühlt sich anders an. Immer gut, aber immer anders, und jedes Ende auch. Aber du darfst dich auf keinen Fall aus Angst vor den Schmerzen des Endes nicht auf den Anfang einer Liebe einlassen. Und zwar warum?« – »Wegen der Erinnerung?« – »Genau! Denn was ist das Schlimmste?« – »Tage ohne was Erinnernswertes.« –

»Sehr gut, mein Schatz, ich bin stolz auf dich.« – »Heute war aber zum Beispiel ein Tag zum Vergessen. Es war alles voll ätzend, vor allem Mathe.« – »Richtig, deswegen reden wir ja jetzt auch nicht über Mathe, sondern über Liebe, denn, pass auf, ich verrate dir was: Mathe ist nicht wichtig. Die Liebe ist wichtig. Mathe braucht keine Sau. Es sei denn, du willst später mal was werden, wofür man Mathe zwingend braucht. Dann würde ich das zu hundert Prozent unterstützen, denn ich will nicht, dass meine Tochter Supermodel wird, nur weil sie ein Mädchen ist und optisch nach mir kommt. Frauen brauchen auch andere Ziele im Leben. Wo war ich? Richtig, beim Ende einer Liebe. Weißt du, Menschen, die man einmal geliebt hat, bleiben bei einem, auch wenn sie weggehen. Manchmal für immer. Manchmal sitzt du mit einem Mann in einem Restaurant, und der Nachtisch schmeckt nach Brombeeren, und dann fällt dir wieder ein, wie du vor Jahren mit einem ganz anderen Mann mal an einer staubigen Landstraße gestanden hast, und ihr habt Brombeeren gepflückt und euch die Hände an den Sträuchern aufgerissen, und die Sonne ist ganz langsam untergegangen, rot, wie der Brombeersaft, und ihr hab euch gegenseitig mit Brombeeren gefüttert und geküsst, und du warst so glücklich, so glücklich, dass du gedacht hast, das Glück reicht für ein ganzes Leben. Dann hat es nicht mal für ein Jahr gereicht. Aber durch die Brombeeren im Nachtisch, in diesem Restaurant, denkst du daran, wie dein Leben jetzt aussehen würde, wenn ihr euch damals anders entschieden hättet, wenn ihr mehr um euch gekämpft hättet, wenn ihr damals schon gewusst hättet, dass das Leben endlich ist und eben nicht tausend neue Möglichkeiten anbiet und neue, mögliche Menschen nicht hinter jeder Ecke warten. Dann weißt du, dass du den Brombeermann immer mitnimmst, auch nach Jahren noch, auch in dieses Restaurant, auch wenn dir da jetzt eben ein ganz anderer Mann gegenübersitzt, für den Brombeeren nur Brombeeren sind und der aber auch sehr nett ist, auf seine Art, und das andere lange, lange her ist, ein ganzes, mögliches Leben lang.« – »Mama, weinst du?« – »Nein, das ist nur eine natürliche Reaktion meines Körpers auf Schokoladenkekse.« – »Kann ich Computer spielen?« – »Nein, wir reden doch gerade über Liebe.« – »Haben wir doch schon.« – »Das ist noch längst nicht alles.«

Ich halte dann noch einen längeren Vortrag darüber, dass Kondome wichtig und nützlich sind, und noch wichtiger und nützlicher ist es, mehr als eins im Haus zu haben und darauf vorbereitet zu sein, dass man es womöglich nicht immer im Schlafzimmer braucht, sondern auch im Wohnzimmer, in der Küche, sonst wo, und es unfassbar abtörnend sein kann, wenn man nackt vor dem anderen losgehen muss, um eins zu suchen, und wie ebenfalls unfassbar abtörnend es sein kann, wenn der Junge die Dinger zum Beispiel in einer kleinen Kiste hat, auf deren Deckel Fußballeraufkleber kleben und Bettwäsche vom FC Bayern, denn man kann keinen Sex in Bayern-Bettwäsche haben, das ist biologisch nicht möglich, und wie klein manche Betten sind und wie laut und knarzend beim Sex, und wie laut und knarzend manche Jungs beim Sex sind und wie wichtig es ist, dass man zusammen darüber lachen kann, wenn man nicht weiß, wie rum Kondome jetzt gehören, oder wie unfassbar albern Sex manchmal aussehen kann. Auf jeden Fall wird Golda mich angeekelt ansehen, weil auch sie nicht mit ihrer Mutter über Sex reden will, aber ich werde eine lustige, gute Art finden, trotzdem mit ihr darüber zu sprechen ...

Mein Patenkind ist acht. Jonas. Ich bin als Patentante dafür zuständig, dass er zu Weihnachten das Piratenschiff bekommt, das sich seine Mutter weigert, ihm auch noch zu kaufen, weil er schon 932 andere Geschenke bekommt. Ich bin auch dafür zuständig, ihn bei mir die Filme gucken zu lassen, für die er laut Altersfreigabe noch zu jung ist, die er deswegen zu Hause nicht sehen darf, die aber, laut ihm, schon alle anderen Jungs in seiner Klasse gesehen haben. Und ich muss ihm die Geschichten über seine Mutter erzählen, die sie selbst ihm verschweigt. Auch das ist meine Aufgabe als Patentante. Vor allem, weil ich seine Mutter schon sehr lange kenne. Deswegen kenne ich auch eine Menge Geschichten. Zum Beispiel die, wie sie mit sechzehn betrunken auf einem Mofa in den Wassergraben hinter dem Bauernhof gefahren ist, nach dem Stadtfest, weil sie unbedingt auf dem Mofa rauchen wollte und nicht einkalkuliert hatte, dass der Fahrtwind ihr die Glut in die Augen wehen würde. Natürlich trugen wir damals keine Helme, denn Gefahren wie Laktose, Gluten, Alkohol und Gegenverkehr begegneten wir furchtlos und todesmutig. Aber Jonas ist acht und hat gerade erst für sich das Konzept des Lebens verstanden, nämlich dass es irgendwann vorbei ist, selbst für Leute, die er kennt, deswegen will er nicht, dass seine Mutter raucht, trinkt und ohne Helm fährt, auch nicht in der Vergangenheit. Er ist ohnehin nicht gut drauf, aber er will nicht raus mit der Sprache, und ich hab eh keine Zeit, denn ich warte auf einen Anruf und sollte mich eigentlich noch auf einen Termin am nächsten Tag vorbereiten. Aber ich hab Jonas versprochen, dass wir Pizza machen, und Versprechen muss man halten. Ich kippe also Mehl, Salz, Hefe und lauwarmes Wasser in eine Schüssel und er mantscht darin herum, bis das Ganze eine entfernte Ähnlichkeit mit Teig hat. Jonas ist dabei deutlich langsamer als meine Küchenmaschine. Während er weitermantscht, will er noch eine Geschichte über seine Mutter hören. Vielleicht ist er auch schlauer, als ich denke, und er sammelt heimlich Material, das er bei der nächsten Verhandlung übers Taschengeld gegen sie ausspielen kann. Ich erzähle also, wie seine Mutter sich als Teenager selbst einen Maibaum gestellt hat, um nicht zugeben zu müssen, dass keiner der Jungs das gemacht hatte. Er findet die Geschichte mau, denn er kennt die Sache mit den Maibäumen nicht. Ich erkläre, dass in einigen Gegenden junge Männer jungen Frauen junge Birken vor das Haus stellen als Zeichen dafür, dass sie sie gut finden. Er will schlagartig keine Pizza mehr machen, sondern eine Birke finden, und ich muss erläutern, dass man im August keine Maibäume mehr stellt, genauso, wie man im Juli keine Weihnachtsbäume schmückt. Er findet das offenbar spießig oder enttäuschend, und ich kapiere, ähnlich langsam, wie er Teig knetet, wo der eigentliche Hase im Pfeffer liegt. »Wie heißt sie denn?«, frage ich. »Emily«, sagt er wie aus der Pistole geschossen und gleichzeitig so bleischwer, als sei der Name ein Fachbegriff für eine schwierige, zähe Krankheit. Emily aus der Parallelklasse, die wahrscheinlich nicht weiß, dass es in ihrer Parallelklasse Jonas gibt. Mein Handy klingelt mit meinem erwarteten Anruf, ich schmiere mir beim Antworten

Pizzateig aufs Display, während mein Patenjonas so aussieht, als hätte er für die nächsten Jahre keinen Hunger mehr, jetzt, da die Sache mit Emily auf dem Tisch liegt. Ich wuschel ihm mit der freien Hand noch etwas Mehl in die Haare und sage:»Ach, komm, das wird schon! Du bist ja noch jung und sie auch, und wenn die Emily nicht völlig vor den Schrank gerannt ist, wird sie schon schnallen, was für ein Spitzentyp da mit ihr in die Schule geht!« Ich lächle ihm mein Erwachsenenlächeln zu und muss telefonieren. Erst später, als Jonas wieder weg ist und ich den Rest der Pizza in den Kühlschrank stelle, fällt mir auf, dass Emily vielleicht der Markus von Jonas ist, dass ich heute die Chance hatte, alles besser zu machen, und es genauso gemacht habe wie alle, wie immer. Liebe kommt nach wie vor unverhofft. Das ändert sich nie. Und keiner von uns ist jemals darauf vorbereitet.

Die Liebe
und die Schwaben

Keine Liebe hält so lange wie ein Dübel. Der ist nämlich in Schwaben erfunden worden, die Liebe nicht. Die Liebe kommt vermutlich aus Frankreich oder einem ähnlich flusig-flapsigen Land, wo das Leben c'est la vie ist. Da sind die Herzen aus Camembert, Träumen und Chansons. In Schwaben sind sie aus Muskeln, Blut und Bindegewebe. Dafür fällt eben auch nichts von der Wand, was da mal hingedübelt wurde. Jakob Kammerer war übrigens auch Schwabe. Er gilt als Erfinder des Sicherheitsstreichholzes. Besser kann man das Verhältnis vom Schwaben zur Liebe im Grunde kaum auf den Punkt bringen. Wenn Feuer entfacht wird, dann ist hier auch immer gleich Vorsicht geboten, dann braucht man dazu auch Sicherheit. Aufbassa! Immer aufbassa!

In Schwaben hat man den Himmel nur, damit man weiß, wo oben und unten ist. Er hängt nicht voller Geigen – das wär viel zu laut, gerade in der Mittagszeit – und Wolke sieben ist die zwischen Wolke sechs und acht. Was sonst?

Das Spiel, das in meiner Familie am häufigsten gespielt wurde, war »Mensch ärgere dich«. Es geht so: Einer erzählt was, das ihn gefreut hat, und der Rest der Familie macht es ihm madig.

»Ich hab eine Zwei in Deutsch!« – »Aha, und was ist mit Mathe? Wieder 'ne Fünf oder was?« – »Mathe haben wir noch nicht zurück. Aber in Deutsch hab ich 'ne Zwei!« – »Ohne Mathe wirst du später im Berufsleben nichts!« – »Ich war die Einzige, die 'ne Zwei hatte!« – »Wieso? Hatten die andern 'ne Eins?« – »Nee, die meisten hatte 'ne Vier! Miriam hat sogar 'ne Fünf!« – »Aber hatte Miriam nicht letztens in Mathe 'ne Eins?« Der mit der Freude kann das Spiel nicht gewinnen, das ist der Clou. Die Familie spielt es nicht, weil sie schlechte Menschen wären, sondern weil sie Schwaben sind. Es sitzt tief in der DNA. Seit Generationen. Träume sind bei uns Flausen. Die hat man im Kopf, und da gehören sie nicht hin. Wenn Bob der Baumeister fragt: »Können wir das schaffen?«, antworten die Schwaben nicht: »Yo, wir schaffen das!«, sondern: »Na, wir gucken mal!« Erst mal sind sie nämlich skeptisch, die Schwaben.

Die Antwort auf meinen Satz: »Es gibt da einen Jungen, den Matti, der ist ziemlich süß«, war entsprechend auch nicht: »Toll, ich freu mich für dich« oder: »Echt? Wie sieht er denn aus?«, sondern natürlich: »Was ist das denn für 'n Name? Matti? Das wird schon a rechter Daggl sein!«* Und klar, Matti klang wie Mathe, und

---

* Der Schwabe kennt in etwa so viele Schimpfworte für einen anderen Schwaben wie die Ureinwohner des Polarkreises Wörter für Schnee kennen. Von Grasdaggl über Lomb und Arschkibbf bis bleede Zuddel. Für Auswärtige gibt's natürlich noch mal ein

in Mathe hatte ich ja 'ne Fünf. Was sollte also da schon rauskommen?

Ich sah als Kind mal einen Krimi über die Entführung einer Tochter in meinem Alter, und ich frug mich, wie meine Familie in so einem Fall wohl reagieren würde. Ich sah die komplette Runde im Geiste schon um den Küchentisch sitzen.

Papa: »Die Katrin ist entführt worden!«

Oma: »Entführt? Die Katrin? Haidanai, ich hab's ihr hundertmal gesagt, sie soll abends nicht so spät alleine auf die Straße!«

Mama: »Ist heute Mittag passiert, nach der Schule!«

Oma: »… hab ich ihr auch schon hundertmal gesagt, dass sie nach der Schule direkt nach Hause kommen soll!«

Papa: »Jedenfalls ist sie jetzt entführt worden! Die Entführer wollen fünftausend Mark!«

Oma: »Was? So viel? Für die Katrin?«

Mama: »Ja, ich hab mich auch gewundert. Das ist mehr, als die neue Couch kostet, die wir kaufen wollten.«

Oma: »Vielleicht hast du dich verguckt, und die meinen 500?«

Papa: »Nein, hier steht's! ›Wenn Sie Ihre Tochter wiederhaben wollen, geben Sie uns 5000 Mark!‹«

Oma: »Also, das sag ich dir, das sind keine Leute aus der Gegend. So unhöflich und so teuer, das sind bestimmt Badener. Vielleicht sogar Bayern!«

ganz eigenes Arsenal. Kosenamen gibt's auch. Insgesamt vielleicht drei. Spätzle, Schätzle und Scheißerle. Wenn der Schwabe es ernst meint mit der Zuneigung, sagt er auch schon mal: »Es isch a rechts Arschloch!«

Mama: »Also, wenn wir da jetzt 5000 Mark zahlen, dann gibt's keine neue Couch. Das steht mal fest!«

Papa: »Ich hab schon gedacht, was ist, wenn die Katrin bei den Entführern bleibt? Also erst mal nur über den Sommer, dann könnten wir ihr Zimmer vermieten und mit den Einnahmen das Lösegeld zahlen und vielleicht trotzdem noch die neue Couch kaufen.«

Mama: »Vielleicht wollen die nach dem Sommer auch schon weniger Geld!«

Oma: »Aber dann geht die Katrin den ganzen Sommer nicht zur Schule. Und sie ist doch eh schon so schlecht in Mathe!«

In meiner Vorstellung hat die Familie dann abgestimmt, Couch oder Katrin. Je nach meiner Tagesform ging die Abstimmung meist knapp zugunsten der Couch aus, und ich blieb lange bei den Entführern. Der Witz ist, ich war darüber nicht unglücklich, aufgebracht oder traumatisiert. Ich kannte es nicht anders. Ich dachte, so geht Familie.

Jahre später stehe ich auf dem 30. Geburtstag meiner Freundin Svenja. Ein See, eine laue Sommernacht, Lampions, Grill, Wein, Musik, alles wie gemalt. Ihre Freunde sind da. Ihre Familie auch. Die Zeiger der Uhr schleppen sich auf Mitternacht. Zehn Sekunden zu früh setzt die Mutter ein, mit einem herzerweichend schiefen »Happy Birthday«, und alle singen mit. Svenjas Schwester hat Wunderkerzen verteilt, die doppelt funkeln, einmal in den Händen der Gäste und noch einmal im See. Die Geschwister versuchen, das Geburtstagskind gemeinsam in die Luft zu werfen, wie damals mit zehn, und sie freuen sich kaputt, weil sie es jetzt, zwanzig Jahre später, nicht mehr schaffen. Svenja ist offenbar nicht nur älter, sondern auch schwerer geworden. »Aber auch schöner!«, ruft ihr Bruder und setzt nicht noch einen Gag hinterher im Sinne von »hab ich schöner gesagt? Ich meinte blöder! Hahaha!«. »… und schlauer!«, ruft die Schwester, und auch das ohne Witz und doppelten Boden. Die Geschwister finden Svenja schön und schlau und wirken noch nicht mal richtig betrunken.

Alle strahlen, es wird geklatscht, Svenja lebe hoch, hoch und hoch, und jemand startet ein Video auf einer großen Leinwand. Der kleine Bruder erzählt, wie sehr er seine Schwester bewundert, weil sie so ein feiner und herzlicher Mensch ist. Ihre Schwester sagt, Svenja sei das beste Vorbild, das man sich wünschen könne, und hofft, sie bleibt ein so glücklicher und zufriedener Mensch. Die Eltern brüllen gleichzeitig »wir lieben dich, Mausi!« in die Linse und beglückwünschen sich gegenseitig, wie gut sie die hinbekommen haben, die Tochter. Von der Oma sind auch zwei Outtakes im Film, wie sie, ganz aufgeregt, Svenja erst Sonja nennt und dann sagt: »Hier ist die Oma«, bis sie merkt, dass sie jetzt nicht, wie sonst, am Telefon ist, sondern »im Fernsehen«, weswegen ja klar ist, wer da spricht. Oma nimmt dann einen neuen Anlauf und sagt: »Svenja, jetzt bin ich schon so alt geworden und hab so viele Leute getroffen in meinem Leben, aber noch keinen so wie dich.« Und die kleinen Oma-Äuglein auf der Leinwand leuchten und sind so feucht wie die Abendluft am See.

Was für ein schönes Geschenk der Film ist, denke ich. Mir wird ganz warm ums Herz. Sicher auch wegen der drei Aperol-Spritz, die ich schon intus habe. Nach dem vierten denke ich, wie so ein Film bei uns gewesen wäre. Mein Oma hätte gesagt:»Mädle, mach net so lang und trink net widder so viel, gell?!« Der Rest der Familie hätte so was gesagt wie:»Wir hoffen, du passt gut auf dich auf, denn so viel, wie du dich in der Weltgeschichte rumtreibst, da ist schnell was passiert.« Oder auch:»Ja, jetzt hast du dich schon wieder arg lange nicht zu Hause blicken lassen. Aber wir haben uns mittlerweile schon dran gewöhnt. Du hättest bestimmt auch in Stuttgart eine schöne Arbeit gefunden, wenn du damals besser aufgepasst hättest in Mathe!«

Auf Svenjas Geburtstag spielt man jetzt»We are family!«, und ich stehe abseits, alleine mit meinem guten Freund Aperol, und es tut mir leid, dass keiner in meiner Familie weiß, was das ist, was hier passiert. Es nennt sich Liebe. Liebe können sie einfach nicht, die Schwaben, denke ich. Jeder hat immer das Gefühl, er sei zu kurz gekommen. Man ist viel beleidigt und verletzt. Das gehört zur Grundausstattung.

In der erweiterten Verwandtschaft gibt es Menschen, die seit 20 Jahren nicht mehr miteinander reden. Im Nachtragendsein machen die Schwaben selbst Elefanten noch was vor. Auch wenn sie mittlerweile vergessen haben, um was es ursprünglich mal ging; dass sie sauer sind, das haben sie sich gemerkt. Nett ist man höchstens zu denen, die nicht zur Familie gehören. Selbst an Geburtstagen. Nein, vor allem an Geburtstagen und Festen. Dann rennt auch bei uns meine Oma durch die Flure und schreit das Geburtstagskind an:»Breng amol Kaffee!« Bei uns musst du erst Schicht um Schicht von Genervtsein, Vorwürfen und Ermahnungen abreißen, wie Lagen von Tapeten in einer

Altbauwohnung. Darunter liegt dann das, was ursprünglich mal da war: eine Wand, und darin ist dann ein Dübel, und der hält womöglich die Familie zusammen. Anders ist das in Schwaben nicht zu erklären.

Die Liebe

und die Heimat

Bei »Germanys 101 places you need to see before you die«
Ist meine Stadt nicht sehr weit vorne, eher auf Platz 303
Die Stadtteile heißen Fürsitz oder auch Trübenreute
Hier wohnt kein Weltstar, kein Promi, hier wohnen nur Leute
Es gibt keinerlei Skyline, von hier startet kein Flieger
Und der Fußballverein spielt zu Recht Dritte Liga
Man kann nirgends richtig gut essen, wird aber überall satt
Und das ist doch meine Heimat und das ist doch meine Stadt

Es gab das Eis im Venezia, beim Salamander gab's Schuhe
Die Kirche läutete um sechs, und ab zehn Uhr war Ruhe
Am Freitag fuhr'n wir zur Disco, von da vorn ging der Bus
Auf der Holzbank am Waldrand, das war mein erster Kuss
Wir waren im Sommer im Freibad, im Winter fuhren wir Ski
Die Welt ging manchmal bis Stuttgart, aber weiter fast nie
Hier war ich ein Kind, es hat mir immer gefallen
Hier fehlt's einem an nichts, und dann doch auch an allem

Ich wohnte am Stadtrand im hintersten Drittel
Da grasen jetzt Auerochsen, von EU-Fördermittel
Bin hier unendlich oft durch die Gassen gelaufen
Jetzt gibt es hier Shishas, man kann Superfood kaufen
Da drüben die Kneipe, da haben wir uns immer getroffen
Jetzt werden hier völlig andere Leute besoffen
Meine Stadt macht auf Großstadt, der Frosch wird zum Prinz
Und bleibt am Ende grad dadurch totale Provinz

Ich wollte immer hier weg, ich wollte immer zum Glück
Ich wohn jetzt in Berlin und will jetzt manchmal zurück
Zu gemähten Wiesen und zum Geruch dort im Wald
Vielleicht liegt es an mir, vielleicht werde ich alt
Vielleicht brauche ich das jetzt, eine Heimat zu haben
Vielleicht ist Heimat gar nicht mein Städtchen in Schwaben
Vielleicht ist Heimat der Ort, an dem war ich mal jung
Vielleicht ist Heimat ein Ort in der Erinnerung…

Die Liebe
und die Kleinigkeiten

Der Teufel ist gegen die Liebe. Der Kerl steckt ja bekanntlich im Detail, in der Kleinigkeit, an der die Liebe dann scheitert. Ein zweites Treffen. Der Mann ist sympathisch, nett. Im guten Sinn. Ich erzähle eine kleine, erprobte Anekdote über meine Zahnspange als Kind. Er lacht, dann verbessert er mich, immer noch lachend: »Es heißt übrigens Parodontose, nicht Parodentose«, ganz leicht, fluffig hingeworfen. »Das ist so wie Inbus- und Imbusschlüssel, machen auch viele falsch.« Ich habe eine vererbte Tradition an sprachlichen Missverständnissen. Sehr lange dachte ich zum Beispiel, Baiser-Eier spricht man Beiser-Eier aus. In meiner Familie konnte keiner Französisch, niemand wusste es besser. In meiner Welt sangen Take That »I wash your back for good«. Englisch konnte bei uns nämlich auch keiner, und unser Deutsch war Schwäbisch, deswegen dachte ich, es hieße Rindermulch. Irgendwer hat mich dann irgendwann über all das aufgeklärt. Ich hab anschließend gelacht. Ich kann gut über meine Dummheiten lachen. Ist ja auch lustig, wie oft ich in Bäckereien stand und selbstbewusst Beiser-Eier bestellt habe oder beim Karaoke sang, dass die Jungs von Take That sich den Rücken schrubben. Lustig. Und jetzt? Jetzt lache ich nicht über Parodentose. Jetzt fühl ich mich verbessert, vorgeführt, schlecht benotet. Ich wollte aber schon zu Schulzeiten nie ein Date mit dem Lehrer. Jetzt will ich erst recht nicht. Jetzt ist der Mann immer noch nett, aber nicht mehr im guten Sinn. Das »übrigens« ist der Killer. »Es heißt übrigens Parodontose.« So nebenbei. »Machen auch viele falsch.« Zwei Sätze, eine Haltung. Wie Loriot, nur ohne Humor, auch wenn der Mann dabei lacht. In meinem Kopf laufen wir fast forward. Wie er im Bett sagt: »Der weibliche Orgasmus ist übrigens eine Erfindung der Amerikaner. Wissen viele gar nicht.« Oder nach einem Jahr: »Langeweile in der Beziehung wird ja übrigens oft unterschätzt!« Und wie ich dann nach zwei Jahren auch mal »übrigens« sage: »Ich hab übrigens jemand anderen kennengelernt!« Das kann ich mir jetzt schon schenken. Es sind nur zwei Sätze. Aber aus uns wird nichts.

Diese ewigen Anfänge. Die ersten Versuche. »Bock auf Kaffee?« So fängt er an. Per SMS. Ich denke: Echt jetzt? Das ist dein Angebot? »Bock auf Kaffee?« Das, mein Lieber, sind nicht die berühmten drei Worte, die eine Frau hören will. Er will erkennbar nichts investieren. Klar, auch die längste Reise fängt mit dem ersten Schritt an. Aber »Bock auf Kaffee?« ist kein erster Schritt, da hat er sich doch noch nicht mal die Schuhe für angezogen. Das ist nichts. Nicht mal ein Testballon, denn ein Ballon hat wenigstens schon eine gewisse Poesie. »Bock auf Kaffee?« Was soll daraus werden? Was Großes doch nur, wenn mit

»Bock auf Kaffee« ein überraschend lapidar verpacktes Angebot gemeint ist, hier alles stehen- und liegenzulassen und mit ihm auf seine Kaffeeplantage in Nicaragua zu verschwinden. Aber ich weiß, er hat keine Plantage, er hat nur heißes Wasser, etwas Pulver, fünf Euro, vielleicht eine Stunde Lebenszeit. »Bock auf Kaffee?« Schreib ich zurück: »Nö«, dann ist für ihn nichts passiert. Kein Kratzer in der Ehre, keine Delle in der Eitelkeit, niemand ist verletzt. Es ist nur ein Versuch. »Bock auf Kaffee« ist ein Text, den er vermutlich neunmal wöchentlich verschickt. Eine Nadel für den Heuhaufen. Er pikt hinein und wartet, wer quiekt. Wer quiekt, kriegt Kaffee, dann sieht man weiter. Jetzt liegt es an mir. Aber meine Ehre, meine Eitelkeit, mein geübtes Getue verbieten es mir zu schreiben: »Ja, Kaffee, sicher, gerne, später, aber vorher Sekt und Lachs und Wurst und Geschichten über das, was du erlebt hast, und ich, und wer du bist und ich und ob wir eine gemeinsame Geschichte erleben«, oder irgendwas anderes, Mutiges, irgendwas, das zeigt, dass es nicht egal ist. Denn es geht doch nicht um Kaffee. In der Geschichte der Liebe ging es noch nie um Kaffee. Auch der berühmte Kaffee von früher, auf den man damals, in grauer Vorzeit, noch mit hochkommen sollte, nach dem ersten Date, auch dieser Kaffee war noch nie Kaffee, sondern immer nur ein Vorwand. Genau wie dieser Einstiegskaffee hier. Dabei wollen wir alle keinen Kaffee. Kaffee gibt's zu Meetings. Wir wollen keine Meetings. Wir wollen Treffen. Wir wollen getroffen werden. Aber eben nicht verletzt. Wir wollen nicht schon mit dem Herz voran losrennen, und dann schreibt einer eben: »Nö, lass mal!« Denn dann stehen wir da, und unser Herz hat keine Airbags. Das hält nicht so viele Crashs aus. Deswegen riskieren wir lieber nichts, außer Kaffee. Deswegen schreibe ich auch bloß zurück: »Klar! Wann? Wo?« Meine Nadel für deinen Heuhaufen. Ich hab schon Powerpoint-Präsentationen gemacht mit mehr Esprit. Es wird nichts werden. Nur kalter Kaffee.

Woran es auch scheitern kann:

Der erste Blick in sein Bücherregal. Darin: Seine Bücher aus der Schule, Reiseführer aus Mallorca, Do-it-yourself-Bücher übers Reparieren von Autos, noch eingeschweißt das Buch »30 ist wie 19, nur schärfer«, vier Krimis und »Geschäftsbriefe mit Pfiff«. Auch das wird nichts.

Er sagt: »Du bist eine total interessante Frau.« Auf Fränkisch. Er klingt dadurch wie Loddar Matthäus. »Dodal endressand«. Ein Dialekt zum Verhüten, und das sag ich als Schwäbin.

Er riecht wie jemand anderer. Einer, mit dem es nicht gutging. Cool Water. Den ganzen Abend hab ich den Duft des Scheiterns in der Nase. Er kann nichts dafür, aber ich kann mich nicht konzentrieren. Er riecht wie etwas Aufgewärmtes.

Eine Nachricht. Zwei Sätze. Mehr als Kaffee. »Traumfrau«, schreibt er. Auf Facebook. Jedes neue Kommunikationsmittel macht es in Wahrheit schwieriger. Wieder eine Möglichkeit mehr, etwas falsch zu machen, zu scheitern, das Falsche zu sagen, zu schreiben, zu schicken. Wie reagiere ich? Antworte ich auch auf Facebook, oder anders? Wie ist da aktuell das Ranking? Wiegt eine E-Mail schwerer als eine SMS? Kann man auf eine Facebooknachricht mit einem echten Brief antworten? So richtig oldschool auf Bütten, mit Tinte. Kann ich das überhaupt noch? Ist eine Sprachnachricht nicht direkter als ein Brief? Ist anrufen nicht eigentlich noch besser? Wirkt anrufen nicht aber gleich bedürftig? Wie eine Stufe vor Stalking? Gilt das nicht, wenn ich drei Tage verstreichen lasse? Oder ist das dann schon unhöflich? Lieber nur einen Tag warten? Wie alt bin ich eigentlich? Zwölf? Hört das nie auf? Um was geht es? Sich bloß nicht dabei erwischen zu lassen, wie man zu früh zu viel macht, zu viel will, zu viel anbietet. Es ist wie Weihnachten, wo man sich tagelang Gedanken um das passende Geschenk für jemanden macht, stöbert, aussucht, die richtige Größe, die richtige Farbe, das richtige Geschenkpapier, und es stimmt, es passt, es ist in der Tat genau das richtige. Aber der andere schenkt nur einen Gutschein. Einen, den es im Supermarkt an der Kasse gibt, neben den Einwegfeuerzeugen und den Batterien. Ja, ja, schon klar, ein Geschenk soll unabhängig sein von dem, was zurückgeschenkt wird. Wir sollen nichts geben, um selbst was zu bekommen. Aber das klappt nicht. Wir wollen ein Gleichgewicht, wir wollen, dass der andere uns so wichtig findet wie wir ihn. Schlimmer noch, wir werden ihn erst wichtig finden, wenn wir wissen, dass wir damit nicht ins Bodenlose fallen. Und so geht's von Anfang an bei der Liebe auch um Macht. Wer gibt mehr? Wer will mehr? Wer braucht mehr? Der, der weniger gibt und trotzdem bekommt, hat gewonnen. Liebe ist fast nie umsonst. Wir treffen uns dann ganz zufällig wieder, ganz ohne Facebook, Whats-App, Nachrichten und trallala. Wir treffen uns auf der Straße, im echten Leben. Das gibt's ja auch noch. Wir reden, mitten auf der Straße. Übers Wetter, über was machst du so, was mach ich so, ob man »Game of Thrones« guckt und ob es hier in der Nähe guten Kuchen gibt. Fährst du noch in Urlaub? Ach, echt? Wohin? Schmalster Talk, Heißer-Brei-Gerede, wir quatschen uns tastend um das richtige Gespräch herum. Reden zwischen den Wörtern. Dann muss ich weiter und denke, hm. Ein Mann, wie Jason Orange, den ich mir damals bei Take That nie merken konnte, oder George Lazenby, den Bond, den man immer vergisst. Aber vielleicht täusche ich mich. Vielleicht wird er noch Mark Owen oder Daniel Craig. Von ihm kommt Minuten später die Einladung nach Paris. Stadt der Liebe. Immer mal hat er da hingewollt, schreibt er, nie die passende Frau dafür gehabt. Und ich? Denke, dass ich doch nur gesagt hab, wo's hier in der Gegend guten Kuchen gibt. Von da aus gleich nach Paris? Manchmal ist ein Kaffee zu wenig und Paris zu viel.

Und umgekehrt. Manchmal wohnt die Liebe gerade in den Kleinigkeiten. Ein Gang, aufrecht wie ein Tänzer vom Bolschoiballett und trotzdem nicht affig. Auch ein bisschen Cowboy, dem das Pferd unterm Sattel weggeschossen wurde. Wenn er so ist, wie er geht, könnte was gehen …

Wir haben uns vor Monaten zum ersten Mal getroffen, der Freund eines Freundes vom Bekannten eines Kollegen. Zwei Getränke an der Bar. Jetzt, durch Zufall, eine andere Bar, treffen wir uns wieder. Auch hier Smalltalk, aber er weiß noch vom letzten Geplauder, dass ich eigentlich keinen Gin mehr trinke. Er weiß noch, wie die Freundin heißt, von der ich damals erzählt habe, er hat sich gemerkt, dass ich eine merkwürdige Angst vor Hühnern habe. Das alles lässt er beinläufig einfließen, elegant, wie teures Tonic in teuren Gin. Aufmerksamkeit schafft Aufmerksamkeit.

Wie einsam er gucken kann, mitten in der Party, umringt von Leuten, umgeben von Musik, Gelächter, Getöse. Er macht mit beim Gespräch, macht Witze, lacht und knabbert Knabbereien und guckt dabei trotzdem so einsam wie der Mann im Mond. Keine Ahnung, wer das ist, keine Ahnung, was er macht, aber jemand, der traurig lachen kann und allein bleibt mit ganz vielen anderen, mit zwei Augen, von denen man wissen will, was sie sonst schon gesehen haben. Blicke. Augen. Augenblicke. Der kleinste erste Moment. Der Teufel steckt im Detail. Die Liebe auch.

Die Liebe
und die Bachelorette

Eine Bewerbung

Warum willst du bei der Bachelorette mitmachen?
Ich bin 35. Das ist für euch bestimmt die absolute Obergrenze. 35 ist gerade noch so »Anfang dreißig«. Ab nächstes Jahr ist es dann definitiv »Mitte dreißig«, und das ist sicher zu alt für euch. Das ist insgesamt alt. Als meine Mutter in meinem Alter war, war ich schon in der Pubertät. Außerdem weiß ich nicht, wie ich im wahren Leben zwanzig Jungs daten soll, die alle gut aussehen, Sport machen und Singles sind. Und das Ganze läuft im Fernsehen. Dadurch kann ich Job und privat super verbinden.

Wie lange bist du schon Single?
Ich bin als Single auf die Welt gekommen. Anschließend war ich auf jeden Fall noch locker zehn, zwölf Jahre lang weiter Single. Die »Beziehungen«, die ich in den fünf, sechs Jahren danach hatte, waren auch eher locker. Ich hab mich jedenfalls mehr für Bücher, mein Saxophon, die Jugendfeuerwehr, Sport, Musik, Freundinnen und Familie interessiert als für »die Liebe«. Dann gab's ein paar Jungs, aber das hat nie lange gehalten. Insofern bin ich

super vorbereitet für die Bachelorette. Die Jungs und ich hatten meist zu unterschiedliche Lebensentwürfe. Einer wollte einen Hund, zwei Kinder und ein Haus im Grünen, aber ich wollte erst mal was essen. Darüber sind wir aneinandergeraten, denn ich wollte nicht auf nüchternen Magen mein Leben planen, und er hatte nichts im Kühlschrank außer Bananenjoghurt, Cola und Gewürzgurken. Liebe geht durch den Magen, und manchmal schlägt sie auch darauf. Ein Grund mehr für euer Format, denn, soweit ich das verfolgt habe, gibt's da immer genug zu essen.

Warst du bereits verlobt und/oder verheiratet?
Nein. Mir hat mal jemand einen Antrag gemacht, aber das war auf der Basis von drei Monate kennen und fünf Wodka Tonic. Ich stehe der Institution der Ehe insgesamt skeptisch gegenüber. Das liegt unter anderem daran, dass ich Augen im Kopf habe. Ich sehe in meinem Umfeld keine glücklichen Ehen. Ich sehe ein paar Instagram-Accounts, auf denen Fotos gepostet werden, die Glück simulieren. Aber wer Instagram mit dem Leben verwechselt, glaubt auch, dass er selbst geil Fußball spielt, wenn er bei FIFA 18 mit Ronaldo vier Tore schießt. Im wahren Leben ist eine Ehe für zwei Leute das, was eine Waschmaschine für ein Paar Socken ist. Man geht zusammen rein und kommt getrennt wieder raus. Selbst Brad Pitt und Angelina Jolie haben es nicht geschafft. Gut, sie hat in jedem Urlaubsland ein Kind adoptiert, und er hatte offenbar eine lange Affäre mit Bier. Aber trotzdem, es sind Angelina Jolie und Brad Pitt! Wenn selbst die es nicht hinkriegen, wer soll es dann schaffen?! Statistisch gesehen geht jede zweite Ehe

in die Brüche. Die Quote bei den zweiten oder gar dritten Ehen ist noch höher. Ich finde, das ist eine beängstigende Zahl. Wenn jedes zweite Flugzeug abstürzte, würde keiner mehr fliegen, selbst wenn der Flug umsonst wäre und Richtung Malediven ginge. Nur bei der Liebe denkt jeder, er ist die Ausnahme. Aber ich bin Scheidungskind. Ich war also live dabei, wie sich zwei liebende Menschen in zwei schäumende Werwölfe verwandeln, die darum kämpfen, wer die Teller, das Geld und das Sorgerecht bekommt und vor allem, wer die Schuld daran kriegt. Sie hatten sich Liebe für immer versprochen und sich dann nach Kräften bemüht, den anderen für den Rest des Lebens leiden zu lassen. Die Liebe meiner Eltern war für zwei geplant und hat für beide nicht gereicht. Mit der Wut, die ihre Scheidung begleitet hat, hätte man dagegen unsere komplette Kleinstadt heizen können. Liebe haben zwei Menschen exklusiv, ihr Scheitern demoliert auch andere. In diesem Fall auch mich. Für immer. Deswegen sage ich hier ganz offen, dass es nicht mein Ziel ist, als Bachelorette »den Mann fürs Leben« zu finden, aber das ist euch ja sicher auch klar. Keine Bachelorette hat doch bislang den Typen wirklich geheiratet, der da am Ende überbleibt, oder? Den meisten ging es nur darum, eine eigene Doku-Soap zu kriegen oder wenigstens im nächsten Jahr beim Dschungelcamp dabei zu sein.

Warum suchst du einen Partner übers Fernsehen?
Wer in meinem Alter auf normalem Weg noch jemand Vernünftigen sucht, hat genauso viele Chancen, wie auf einer Kreuzfahrt nachts um eins am Büfett noch Lachs zu finden. Bei den Elitepartnern, Parshippern, EDarlings

und wie sie alle heißen, wird mehr gelogen als in sämtlichen Steuererklärungen zusammen. Der vielseitig interessierte vierzigjähre sportliche Businesswinner entpuppt sich live als ein Arbeitsloser, der vor circa acht Jahren das letzte Mal sportlich war, was auch das Jahr gewesen sein dürfte, in dem er zuletzt vierzig war. Und vielseitig interessiert ist er nur an sich. Sein Hobby ist Fotografieren, und er findet trotzdem, dass er auf seinem zwölf Jahre alten Profilbild super getroffen ist. Genauso, findet er, sieht er immer noch aus. Klar, gemessen an der Anzahl der Augen sieht er auch genauso aus wie Ryan Gosling. Am Ende eines solchen Abends steht hauptsächlich die Erkenntnis, dass auch so ein »Date« aus Lebenszeit besteht. Meiner Lebenszeit. Einer ungemein endlichen Ressource. Und eine Reihe solcher Dates hintereinander ist frustrierender, als alleine zu sein. Du startest als Hauptgewinn und endest als Niete. (Eine Freundin von mir hat neulich an zwei aufeinanderfolgenden Abenden mit einem Typen geknutscht. Mehr nicht. Nur geknutscht wie zu Teeniezeiten. Sie fand den Typen irgendwie o.k., aber im Grunde zu uncool für ihre Verhältnisse. Das Knutschen war quasi wie ein Pokalspiel, wo Bayer Leverkusen bei den Sportfreunden Lotte antritt. Sie spielen dasselbe Spiel, aber nicht in derselben Liga. Am nächsten Tag meldet er sich per SMS und schreibt: »War alles nett, aber bei mir hat's nicht so gefunkt, ich würd gern Schluss machen.« Meine Freundin findet, das sei ein neuer Tiefpunkt in ihrer Datingkarriere. Uncoole Typen, mit denen sie zweimal geknutscht hat, machen jetzt mit ihr per Kurznachricht Schluss. Dagegen kann man sich nicht mal besaufen, so ernüchternd ist das.) So was passiert der Bachelorette nicht. Da ist durch bezahlte Redakteure sichergestellt, dass die Jungs originelle Dates planen, zu denen sie pünktlich und gewaschen erscheinen. Auch das ist nicht mehr selbstverständlich. (Eine andere Freundin von mir hatte neulich das erste Date bei einem Typen zu Hause, nachdem man sich zuvor schon ein paarmal in Bars und Kneipen getroffen hat. Sie kommen sich näher, was er aber abbricht mit den Worten: »Ich muss erst mal duschen.« Offenbar hatte er im Vorfeld nicht damit gerechnet, dass man sich näherkommt, oder die Mühe gescheut für den Fall, dass doch nichts passiert. Er kommt etwas später zurück, trägt einen Satinbademantel mit Kapuze – und zwar offensichtlich ausschließlich einen Satinbademantel mit Kapuze – und sagt: »Ich bin jetzt so weit!« So also geht Romantik im 21. Jahrhundert.) Soll heißen, gemessen an dem, was da draußen passiert, ist die Bachelorette ein Hort an interessanten und vielversprechenden Möglichkeiten.

Was ist deine Vorstellung von deinem idealen Partner?
Äußerlich bin ich flexibel. Er sollte Augen haben, am besten zwei, die Farbe ist nicht so wichtig. Er sollte ein zulässiges Gesamtgewicht nicht überschreiten, aber das liegt irgendwo zwischen Thomas Tuchel und Reiner Calmund.* Ich bin da echt tolerant. Klar, der ältere Bruder vom Elefantenmenschen kriegt auch mit inneren Werten wahrscheinlich keine Rose. Einer, der sich »Ehre und

---

* Ich verwende hier Fußballvergleiche aus einem alten Geschlechterreflex und in der Hoffnung, damit auch Männer als Leser zu gewinnen. In dieser Hinsicht bin ich hoffnungslos romantisch.

Vaterland« auf den Hals tätowiert, hat's auch schwer. Und, ja, alle sagen immer, das Wichtigste ist Humor. Aber erstens ist Humor relativ, zweitens bin ich selber lustig, und drittens, wenn er komisch ist, aber aussieht wie zwei Teller Graupensuppe, kommen wir vermutlich trotzdem nicht zusammen. Aber ich bin nicht auf einen Typ festgelegt. Ich würde mir wünschen, dass er da ist, wenn ich ihn brauche, und weg, wenn ich allein sein will. Ich würde mir wünschen, dass auch er alleine klarkommt, aber das am liebsten mit mir. Er soll wissen, was er will, und auch wissen, was ich will. Er soll einen Arsch in der Hose haben, und es wäre schön, wenn die nicht aus Cord wäre. Idealerweise kann man mit ihm leicht durch schwere Zeiten kommen, man kann ernsthaft mit ihm Spaß haben und so weiter und so weiter, aber die Wahrheit ist, ich erwarte gar nicht, hier den »idealen Partner« zu finden. Das ist ja klar. Erstens geht's hier um die Bachelorette, und es erwartet ja auch niemand, beim »Supertalent« ein Supertalent zu finden. Zweitens bin ich jetzt in dem Alter, in dem es so wahrscheinlich ist, den »idealen Partner« zu finden, wie bei Primark für zwanzig Euro einen idealen Lammfellmantel von Marc Jacobs. Mit Mitte dreißig sind Kompromisse keine Fehler mehr, sondern das eigene Leben. Mit Anfang zwanzig hab ich noch mit einem Jungen Schluss gemacht, weil ich in einem Buch gelesen hatte, dass man sich nie mit weniger zufriedengeben sollte als der Liebe. Und mit mir und dem Jungen war es o.k., wir hatten gemeinsame Freunde, gleiche Interessen und wohnten nicht so weit voneinander entfernt. Aber es war keine Liebe, so viel war klar. Es war ein Kompromiss aus der Größe der Stadt, der Anzahl der dort lebenden Jungs in meinem Alter und dem Wunsch, auch einen Freund zu haben. Aber, dachte ich damals, das Buch hat recht. Es muss mehr geben im Leben als Kompromisse. So eine Denke ist heute Luxus. Alle in meinem Umfeld sind stattdessen jetzt froh, wenn es noch ein bisschen Leben in den Kompromissen gibt. Ja, der Ingo ist langweilig, oft schwierig, häufig schlechtgelaunt und verliert mehr Haare als ein Bobtail, aber er ist zuverlässig, er ist treu und geht sogar in Elternzeit. Ja, der Goran ist nicht so wie der Mann, der einem einst das Herz gebrochen hat, aber der ist ja eh weg, und der Goran ist da, und außerdem, wie soll das gehen, jetzt noch jemand Neuen zu finden und sogar noch kennenzulernen, bevor man schwanger wird, und dann eben trotzdem noch nicht über vierzig zu sein? Der Goran an der Hand ist besser als der Adler auf dem Dach. Das ist die Lage. Bei allen. Meine Freundinnen reden nicht mehr so offen wie früher mit mir, wenn es in der Beziehung nicht läuft. Damals war Lästern ein gutes Mittel gegen Beziehungsfrust, jetzt ist das nicht mehr so einfach. Wenn man über ihre Typen herzieht, geht es auch gegen sie selbst. Keine will sich mehr wirklich in die Karten und ins Leben gucken lassen. Und am Ende ist es mit Männern so wie mit iPhones. Das neue Modell unterscheidet sich am Ende nicht wirklich vom alten, kostet aber mehr und hat womöglich andere Macken. Außerdem gehe ich davon aus, dass mein idealer Partner eh nicht bei der Bachelorette mitmachen würde.

Warum sollten wir uns für dich entscheiden?
Weil ich versprechen kann, dass es mit mir nicht langweilig wird, dafür aber enorm kostengünstig. Ich würde

nämlich dafür plädieren, meine Staffel nicht irgendwo in der Sonne, an einem tollen Strand zu machen, wo alle in einer geräumigen Prachtvilla wohnen, die mit Kerzen und Sektkühlern vollgestellt ist. Unter diesen Bedingungen kann sich jede Blitzbirne verlieben. Meine Staffel fände statt in einem ganz normalen Mehrfamilienhaus in, sagen wir, Stuttgart-Obertürkheim. Sechster Stock, kein Aufzug. Da können wir dann ja gleich gucken, wie durchtrainiert die Jungs wirklich sind. Das spart schon mal enorme Produktionskosten, die ich noch weiter reduzieren kann, indem wir für mich an Maske und Kostüm sparen. Wenn ich Zeit, Muße und ein Glätteisen habe, kann ich natürlich problemlos spitze aussehen. Aber morgens um sieben, nach dem Aufstehen, sieht mein Gesicht manchmal aus, als wär's aus billigem Sackleinen. Auch dann sollen die Jungs mich natürlich glaubwürdig anhimmeln. Viel Spaß! Vielleicht machen wir eine Episode abends um elf, wenn ich nicht nur schon abgeschminkt bin, sondern auch mein XL-Schlafshirt trage, das ausgeblichener ist als ein Polaroid von 1979. Wer es dann nicht schafft, mir zumindest vorzutäuschen, dass er mich immer noch haben will, kriegt schon mal keine Rose. Ich brauche auch keine aufwendigen Dates, wo wir uns bei einem Tandem-Fallschirmsprung besser kennenlernen oder gemeinsam auf einem dressierten Renn-Panda durch den Regenwald flitzen. Bei meinen Dates müssten die Jungs beweisen, dass sie in der Lage sind, Geschirr und Buntwäsche getrennt zu waschen. Oder sie müssten mich einen ganzen Abend lang unterhalten, ohne auf Netflix, die Playstation oder ihren Penis zurückzugreifen. Einfach so, zum Beispiel durch ein sogenanntes Gespräch. Sonst keine Rose. Sie müssten beweisen, dass sie schon mal was gelesen haben, was kein WhatsApp, keine Gebrauchsanleitung oder der Sportteil der BILD ist, sondern zum Beispiel ein richtiges Buch. Sonst keine Rose. Sie müssten eine eidesstattliche Erklärung von mindestens zwei Exfreundinnen vorlegen, aus der hervorgeht, dass sie a) zwar nicht der Traumprinz sind, aber auch kein Arschloch und sich b) sexuell auch nach sechs Monaten noch Mühe geben. Sonst keine Rose. Sie müssen sich meine Geschichten über mich, meine Familie und meine Freundinnen nicht nur anhören, sondern auch merken. Ich frage sie am nächsten Tag mit einem Multiple-Choice-Test ab. Sonst keine Rose. Mir ist klar, dass das alles dazu führen kann, dass ich nach ein, zwei Folgen auf relativ vielen Rosen sitzenbleibe, und nach drei Episoden ist der einzig verbliebene Mann womöglich der Aufnahmeleiter, der sagt, dass wir die kürzeste Staffel in der Geschichte der Bachelorette an dieser Stelle beenden müssen. Aber bis dahin wäre es bestimmt ein Fernseh-Highlight, und ein bisschen Realismus kann dem Fernsehen doch insgesamt nur guttun.

Viele Grüße,
Katrin Bauerfeind

Die Liebe
und die Freunde

Jens, mach mal eben die Musik leiser! ... Ich will nur kurz was sagen... Anja, könnt ihr das Babyphone einen Moment weglegen? Danke ... Petra, holst du deinen Typen mal vom Balkon? Er kann ja gleich weiterkiffen ... Ja, oder Franzi, dann geh du, wenn Petra gerade so dringend in ihr Handy gucken muss... Nils soll kurz reinkommen! ... Katja, keine Ahnung, ob die Guacamole laktosefrei ist, wieso? ... nee, kein Mensch hat 'ne Avocadoallergie, du auch nicht... Katja, jetzt reiß dich zusammen! ... Also, Leute, keine Angst, ich hab keine lange Rede vorbereitet, aber ich will wenigstens ein paar Sätze sagen. Ich bin unglaublich froh, dass ihr alle heute hier seid, zu meinem Fünfunddreißigsten. ... nee, nicht klatschen, jetzt! Fünfunddreißig, das klingt ganz schön alt. Und alt klingt irgendwie negativ, aber fünfunddreißig heißt ja auch, dass ich die meisten von euch jetzt schon echt lange kenne, und das klingt nun wiederum sehr positiv, und darauf wollen wir trinken! ... ja, du auch, Katja! Deswegen hab ich extra die Bowle gemacht! ... Nee, die ist natürlich nicht alkoholfrei! Wie lange kennen wir uns jetzt? ... so, und wie oft war meine Bowle in dieser Zeit alkoholfrei? Genau, noch nie! Bowle ohne Alkohol ist wie Sex ohne Anfassen, das kann man gleich lassen. Bei Bowle geht's doch genau darum, dass alle zügig auf Feierniveau kommen. Du auch, Katja! Ich will dich gleich noch Disco-Pogo tanzen sehen! Ja, genau, ich hatte schon ein paar Gläschen, und jetzt nehm ich noch eins ... Auf uns! ... Manche von euch kenne ich seit der Jugend, manche seit dem Studium, manche erst, seit ich hier hingezogen bin. Ihr seid meine Freunde. Also, meine echten Freunde, keine Follower oder Abonnenten oder wie immer man »Freunde« heute nennt im Internet. Ihr seid meine richtigen Freunde, und gerade in der heutigen Zeit ist das wichtig, denn wir alle brauchen Menschen, die uns kennen, wie wir wirklich sind, ohne Photoshop, ohne Instagram-Filter und ohne Hashtag-Schnickschnack, wo alle so tun, als wär das Leben dauernd aus Gold. Echte Freunde wissen, dass unser Leben meistens aus Blech ist, und manchmal sogar aus Mist. Ihr wisst, Schwaben tun sich schwer mit Freundschaften, und dann auch noch mit Nichtschwaben. In Schwaben musst du locker zehn Jahre wohnen, bevor du zum ersten Mal auf der Straße gegrüßt wirst. Nach fünfzehn Jahren wollen vereinzelte Leute wissen, wie du heißt, und nach zwanzig Jahren wirst du unter bestimmten Umständen mal bei einem Einheimischen eingeladen, dann aber immer noch vorgestellt als der Neigeschmeckte, der neu da hingezogen ist. Aber wenn sie sich mal drauf einlassen, die Schwaben, dann meinen sie's auch ernst. Schwaben sind in Sachen Freundschaft wie Tiefkühleintöpfe. Sie brauchen ewig, bis sie auftauen, aber dann hat man lange was davon. Das gilt auch für euch. Bei euch und für euch bin ich komplett aufgetaut, und ihr habt lange was von mir. Wenn's nach mir geht, für immer. Das wollte ich euch an dieser Stelle mal sagen. Achtung, jetzt wird's pathetisch: Ich liebe euch alle! In diesem Sinne: Prost! ... Ganz im Ernst. Freunde sind was fürs Leben. Auch wenn ich viele von euch nicht mehr so oft sehe. Nein, Anja, das geht nicht gegen euch, ich weiß, dass ihr kaum noch rauskommt, weil ihr jetzt ein Kind habt, aber ... hm? Zwei ? Echt? Wann ist das denn passiert? Tut mir leid, aber mir schicken so viele Leute Kinderbilder, dass ich die alle nicht auseinanderhalten kann ... Ich weiß, dass ihr mir den Kinderbilder-Kalender geschickt habt, aber, sei mir nicht böse, so oft muss ich gar nicht wissen, was für ein Datum ist. Und ehrlich gesagt passt eure Mira optisch auch nur so mittel zu meinem Arbeitszimmer. ... ja, Kira, genau ... wie auch immer. Ich mein das nicht böse. Die ist total süß, auf jeden Fall ... Und das neue ist? 'n Junge! Genau, super! Miro ... richtig, jetzt weiß ich wieder! Seitdem kommt ihr gar nicht mehr raus aus eurer Vorstadt, aber ich setze voll auf die Zeit, wenn Mira und Kiro wieder aus dem Haus sind, in fünfzehn, zwanzig Jahren. Das meine ich mit lebenslanger Freundschaft! Für mich besteht der Wert einer Freundschaft nämlich nicht darin, wie oft man sich sieht, sondern wie ehrlich man miteinander umgeht und wie offen, dann kann man sich schnell wieder auf den aktuellen Stand bringen ... Ja, damit meine ich euch, lieber Nils, liebe Petra ... damit ihr wisst, was bei mir so los war, hab ich schon mal 'ne kleine PowerPoint-Präsentation vorbereitet ... Petra, hallo, das war'n Gag! Kein Grund, so traurig zu gucken, als wär die Bowle wirklich

alkoholfrei... Hm? Wie, ihr seid nicht mehr zusammen?
Was? Seit wann? ... seit März?? Ihr wollt mich verarschen... Und wieso meldest du dich dann nicht bei mir,
Petra? ... Was heißt, du hast alles mit Elif besprochen?
Wer ist Elif? ...'ne Arbeitskollegin? Aber du kannst doch
die Trennung von Nils nicht mit 'ner Arbeitskollegin
besprechen... Ja, gut, von mir aus ist die supernett, aber
ich meine, wir beide haben doch damals Nächte durchge-
quatscht, als du dir nicht sicher warst, ob du Mirko für
Nils verlassen sollst... und dann noch mal, als das mit
dem Franzosen war, wo du völlig von der Rolle warst, da
gab's keine Elif, weit und breit... Nils, es ist doch jetzt
völlig wurscht, was für 'n Franzose, ich rede gerade mit
deiner Exfreundin... Ja, sorry Petra, ich dachte, Nils ist
schon so bekifft, dass er das nicht mitbekommt... Hallo!
Jetzt bleibt doch mal hier! ... Petra! Nils!! ... Scheiße...
Katja, hast du das gewusst, mit Petra und Nils? Echt? ...
Und diese Elif, kennst du die auch? ... ja, ja, die ist nett,
das hab ich ja jetzt verstanden, die Elif ist so 'n richtiger
Nett-Igel, hm? ... Katja, das war 'n Witz... Was heißt,
die ist auch echt witzig? Was ist denn echt witzig? ... Na
ja, wenn du sagst, die ist echt witzig, wird's dafür ja wohl
'n Beispiel geben. Ich meine, sieht die witzig aus, hat die
witzige Klamotten, macht die witzige Witze? Ich will ja
nur wissen, was das genau heißt, »die ist echt witzig«? Ist
die witziger als ich? Petra sieht nämlich nicht gerade so
aus, als würde sie neben 'ner Doppelfolge Ladykracher
arbeiten... Nee, Katja, ich bin nicht eifersüchtig, so 'n
Quatsch, ich will nur wissen, was an dieser Elif jetzt so
witzig ist, dass mir Petra nicht mehr erzählt, wenn ihre
Beziehung in die Brüche geht... Ja, sicher will ich noch

was trinken... Ist noch was von der Bowle da? Gut...
Gib her, und kipp dir auch noch was ein... Doch, Bowle
ist gut gegen Magenschmerzen... Im Grunde das Beste,
das nächste Glas zahlt praktisch deine Krankenkasse...
Was heißt, du musst morgen früh raus? Morgen ist Sonntag... Sag mal, wann bist du eigentlich so ein Jammerlap-
pen geworden? ... Katja, pass auf mit der Schüssel! Die
zahlt nämlich nicht deine Krankenkasse, wenn die
kaputt... Scheiße... Ich sag noch! ... nee, Katja, is' nich
schlimm... Scherben bringen Glück... und die Flecken
auf dem Teppich bringen bestimmt auch irgendwas Schönes... Ja, Lappen sind in der Küche... Danke! ... Jens,
sag mal, kann das sein, dass es irgendwie mit uns allen
nicht mehr dasselbe ist wie früher? Weißt du noch, zu
meinem Fünfundzwanzigsten? ... nee, ich nämlich auch
nicht, aber das ist doch das Schöne ... ich weiß nur noch,
wie Katja in den Kartoffelsalat gekotzt hat und es sah
nachher so aus wie vorher. Damals musste doch keiner
am nächsten Tag früh raus, keiner hatte Kinder, keiner
hatte ein Leben an seinen Freunden vorbei, und alle hatten Spaß. Was hatten wir für einen Spaß?! Und heute
haben alle Termine. Und Laktoseintoleranz. Und Kinder.
Jetzt mal ganz im Ernst. Kira und Miro? Das klingt doch
nach zwei Modellen von Opel, aber nicht nach Kindern,
oder? Und dass Petra noch mal Nils verlässt, nach all den
Jahren! Wie krass! Das ist doch, als ob Hannelore Heino
sitzenlässt, weil sie plötzlich merkt, was für 'ne Scheiße
der singt. Ich meine, wie oft haben wir gedacht, dass der
Nils vor Jahren schon eine Tüte zu viel geraucht hat. Sehr
oft. Und jetzt plötzlich merkt die Petra, dass sie da mit
'ner Ein-Mann-Reggae-Band zusammen ist oder was? ...

Ich versteh's nicht. Ich hab immer gedacht, Freunde, das ist so was wie Apostel, da ist die Anzahl begrenzt, und man kann die nicht einfach austauschen. Weißt du, was ich meine? Jetzt denke ich, ich hänge mehr an der Bowle-Schüssel als an Katja, weil, die Bowle-Schüssel ist von meiner Oma, die kriege ich nie wieder, aber 'ne langweilige Frau Mitte dreißig, die morgen früh rausmuss, die finde ich doch an jeder Ecke. Ich weiß nicht, manchmal glaube ich, unser richtiges Leben ist schon um, und das, was jetzt noch kommt, ist einfach nur ein sehr langer Abspann? Mit Outtakes. Ach, scheiße, ich hätte vielleicht auch nicht so viel Bowle trinken sollen. Ich find's jedenfalls super, dass ich wenigstens mit dir darüber reden kann. Das ist ja das Wichtigste an Freunden. Jens? ... Jens? Du hast jetzt nicht die ganze Zeit Kopfhörer drin gehabt, oder?! ... nee, egal, ich kann das nicht alles noch mal sagen. Willst du echt schon los? Klar, verstehe, wir müssen ja alle früh raus morgen. Kannst du beim Rausgehen Katja mitnehmen? Die liegt bestimmt in der Küche ... Super, danke. ... Ach, Franzi, ich wusste gar nicht, dass du noch da bist ... Wir haben ja überhaupt noch nicht gesprochen heute ... Ja, genau ... ich find's auch super, dass wir uns alle mal wieder getroffen haben. Das müssen wir unbedingt öfter machen, da hast du auf jeden Fall recht ... Nee, Bowle is' alle. Aber, guck mal, da im Schrank ist noch Ouzo. Klar ist der warm, aber darauf können wir keine Rücksicht nehmen ... Komm, wir trinken das aus den Schälchen ... Ja, da war Tiramisu drin ... is' doch egal ... Prost, Franzi ... Auf die Freundschaft! ... nee, ich heul nicht ... Ich hab nur vergessen, wie warmer Ouzo auf Tiramisuresten schmeckt ...

Die Liebe
und die Katze

Die Katze war noch sehr klein und saß tagelang vor unserem Haus. Ich war ungefähr 13, und sie war süß und hartnäckig wie eine niedliche Grippe. Die Katze maunzte, so als hätte sie eine Botschaft für uns, die wir einfach nicht verstehen wollten. Ich war dafür, sie reinzulassen, meine Mutter war dagegen. Schließlich hatte ich auch schon die Zeugen Jehovas ins Haus geholt, die darüber völlig verstört waren und gar nicht wussten, was sie sagen sollten, außer:»So weit sind wir noch nie gekommen!« Zudem hatten wir schon eine Katze. Shira. Eine fragwürdige, verwöhnte Einzelkatze, die uns zugelaufen war und sich benahm wie Paris Hilton auf Pfoten. Sie sah nicht ein, dass sie sich für das, in ihren Katzenaugen offenbar minderwertige, Dosenfutter, das wir ihr hinstellten, im Gegenzug streicheln lassen sollte. Sie kratzte jeden, der das versuchte, ignorierte aber den Kratzbaum, den wir ihr gekauft hatten. Dafür gestaltete sie die Tapete, das Sofa und sämtliche Stühle im Haus mit eigenen Krallen um. Die neue Katze dagegen saß über Tage friedlich vor der Tür und maunzte. Irgendwann hatte sie mein Herz weichgemaunzt, und ich stellte ihr ein Schüsselchen mit Milch hin. Die Katze schlabberte die Milch dankbar weg, nahm anschließend ihren Platz vor der Tür wieder ein und maunzte weiter. Als wir beim nächsten Mal zum Einkaufen fuhren, leierte ich meiner Mutter einen Deal aus den Rippen: Wir würden die Autotür öffnen, und sollte die Katze in den Wagen springen, war das ein Zeichen, sie zu behalten. Andernfalls würde meine Mutter dafür sorgen, dass sie vor einem anderen Haus maunzte. Wir öffneten also die Autotür, und einen Augenblick später saß die Katze maunzend auf dem Fahrersitz und schien bereit, uns alle irgendwo hinzufahren. Damit hatten wir also ein neues Familienmitglied. Ich taufte es feierlich auf den Namen Simba*. Der »König der Löwen« war nämlich gerade in den Kinos gelaufen, insofern war die Namenswahl ein Indiz dafür, dass Kinder selten so kreativ sind, wie man immer denkt. Simba war ein Kater und damit der einzige Mann in unserem Frauenhaus, bestehend aus Shira, meiner Mutter, mir und meiner Oma. Ich erwähne sie aus Respekt als Letzte, so wie eben auf Empfängen auch die Königin zum Schluss kommt. Meine Oma hatte jedenfalls im Haus das Sagen, was selbst Shira akzeptierte, denn Oma wurde nie gekratzt. Sie hatte zeit ihres Berufslebens einen Bauernhof betrieben und schon allein deswegen ein ganz anderes Verhältnis zu Tieren als

---

* Die Geschichte spielt in den verrückten Neunzigern. Damals gab man Kindern noch normale Namen und taufte Haustiere exotisch. Heute ist es natürlich umgekehrt. Jetzt heißen Hunde Emil und Kinder Bluebelle Madonna Cheyenne. In drei Jahren kommt dann vielleicht der Opel Simba auf den Markt, aber das ist wieder ein anderes Thema.

ich. Für Oma waren Tiere in erster Linie nützlich. Bestenfalls noch lecker. Katzen waren in der Rangordnung des Bauernhofs nur knapp oberhalb von Büschen, Gräsern und Sträuchern angesiedelt und sollten hauptsächlich dafür sorgen, dass die Mäuse nicht die Ernte fraßen, sondern vorher selbst gefressen wurden. Auf dem Bauernhof hatten Katzen keine Namen, dafür war ihre Lebensdauer nicht lang genug. Entsprechend distanziert verhielten sich meine Oma und Shira. Sie sprachen wenig miteinander, erwarteten vom anderen nichts und beschränkten sämtliche Zärtlichkeiten auf eher zufällige Berührungen. Im Grunde wie in einer langjährigen Ehe. Eine zweite Katze war also für meine Oma wie ein zweiter Mann. Komplett überflüssig, absolut unverständlich und völlig sinnlos. Simba dagegen bemühte sich um uns alle. Er beschnurrte meine Mutter, wenn sie von der Arbeit nach Hause kam, sah mir aufmunternd bei den Hausaufgaben zu und blieb sogar sitzen, wenn ich Saxophon übte. Er nahm in Kauf, in der Beziehung zu Shira stets das Opfer häuslicher Gewalt zu werden, und wurde entsprechend regelmäßig verdroschen. Er setzte sich neben meine Oma und guckte geduldig mit ihr Telenovelas, Schlagershows und sogar das Traumschiff, was sonst keiner in der Familie fertigbrachte. Die Oma honorierte es still mit Maultaschenresten, Suppenfleischüberbleibseln und Zwiebelrostbraten. Zuneigung drückt sich bei ihr seit jeher in Essen aus. Ansonsten hat sie es nicht so mit den Emotionen. Eine Oma weint nicht mal beim Zwiebelschneiden.

Shira hatte irgendwann eine unheilvolle Begegnung mit dem zurücksetzenden Postauto, dessen vier Räder stärker waren als ihre vier Pfoten, und es stellte sich heraus, dass sie nicht zu den Katzen gehörte, die sieben Leben haben. Sie hatte nur eins, und das war damit zu Ende. Obwohl sie stets so uncharmant, raubeinig und eigensinnig gewesen war wie eine Fellausgabe von Horst Seehofer, waren wir dennoch tagelang traurig. Selbst Simba maunzte in Moll. Nur die Oma nahm Shiras Ende ungerührt zur Kenntnis.

Nicht lange nach Shira ging ich weg. Zwar nicht in den Himmel, sondern nur nach Köln, aber immerhin. Simba dagegen blieb und wurde älter. Er jagte zwar pro forma ab und an ein Kaninchen oder eine Maus, um zu zeigen, dass er im Prinzip noch ein wilder Jäger war, spekulierte dabei aber offensichtlich weiter auf Omas Zwiebelrostbraten. Auch deswegen wurde er ein treuer Zuschauer des öffentlich-rechtlichen Nachmittagsprogramms. Die Jahre gingen ins Land und lagerten sich in Simbas Gelenken ab. Er bekam Arthrose. Er stellte nach und nach auch die vorgetäuschten Jagdausflüge ein, und irgendwann wurde selbst der Sprung auf die Couch für ihn zu einem gewagten Manöver. Meine Mutter hob ihn hoch, trug ihn rum und fungierte als Simbas persönlicher Treppenlift. Aber meine Mutter hat ein weiches Herz. Sie würde auch mit einer Eintagsfliege noch zum Tierarzt gehen. Viel erstaunlicher fand ich, dass Oma dem Kater klammheimlich aus Kissen eine Art Treppe zum Sofa gebaut hatte und immer angestrengt aus dem Fenster sah, wenn er sie benutzte (Katzen sind eitel, und auf keinen Fall sollte Simba den Eindruck haben, sie würde ihm den Katzensprung auf die Couch womöglich nicht mehr zutrauen oder es gäbe eine Zeugin, wenn der Sprung misslang). So viel Rücksichtnahme und Einfühlungsvermögen hatte ich meiner Oma nicht zugetraut. Bei Menschen nicht, und erst recht nicht bei einer Katze. Wie gesagt, meine Oma gehört nicht zu den Menschen, die mit ihren Gefühlen großzügig hausieren gehen. Jetzt aber wurde selbst die Urlaubsplanung rund um die zentrale Frage organisiert:»Wer kümmert sich um Simba?« Zwar beklagte sich die Oma, dass niemand sich um sie vergleichbare Sorgen mache, aber wir merkten, dass sie es eigentlich nicht ernst meinte und längst dazu übergegangen war, in der Katze eine Verbündete zu sehen. Die beiden Alten, die zusammenhalten. Schließlich war die Katze mittlerweile geschätzte 16 oder 17 und damit umgerechnet ähnlich alt wie Oma. Simbas Arthrose wurde zusehends schlimmer, die Katze schleppte sich nur noch lustlos zum Futternapf und aufs Katzenklo und zeigte nicht mal mehr Interesse an Telenovelas. Ich las im Internet alles über die Symptome, und egal, wie viele Foren ich konsultierte, das Ergebnis war dasselbe: Es schien Zeit zu sein für den letzten Gang zum Tierarzt. Oma dagegen fand, das Internet sei, ähnlich wie das Privatfernsehen oder Fastfood, bloß eine neumodische Marotte, der man nicht trauen konnte. Ihrer Meinung nach war Simba nur müde. Müde von einem langen Leben, und das konnte sie in ihrem Alter bestens nachvollziehen, während das Internet ja noch jung war und entsprechend keine Ahnung hatte. Meine Mutter war zwar mit mir der Meinung, Einschläfern würde Simba viel Leid und Schmerzen ersparen, wollte das aber auf keinen Fall alleine durchziehen. Also wartete sie bis zu meinem nächsten Besuch und überließ mir auch die Aufgabe, es der Katze und der Oma schonend beizubringen. Mein nächster Besuch fiel auf Weihnachten, und der Termin beim Tierarzt wurde für den ersten Tag nach den Feiertagen festgemacht. Meine Mutter und ich beratschlagten, wie und wann der beste Zeitpunkt wäre, es der Oma zu sagen. An Heiligabend, vor der Kirche? So dass die Orgel, der Weihrauch und die Predigt vielleicht schon lindernd eingreifen konnten? Oder besser nach der Kirche, damit Oma nicht das Gefühl hatte, wir hätten ihr bewusst die Christmette versaut. Vielleicht vor dem Essen, was ihr aber dann womöglich den Appetit und damit Weihnachten verderben konnte? Oder besser nach der Bescherung? Wir kamen zu keiner Lösung, also entschied ich mich dafür, es ihr nonverbal zu sagen: Ich legte eine Decke und den Korb für den Transport zum Tierarzt bereit und buddelte ein Loch in den Garten. In Katzengröße.

Oma reagierte ebenfalls nonverbal und lud meine Mutter und mich entgegen einer langjährigen Tradition am ersten Feiertag nicht zu Kaffee und Kuchen ein. Dem Kater selbst sagten wir es gar nicht. Wir kuschelten stattdessen ausgiebig mit ihm und blieben lange bei ihm auf der Couch sitzen, ohne dass eine Telenovela lief, in der Hoffnung, ihm damit noch einen letzten Wunsch zu erfüllen. Die Oma machte Maultaschen. Nur für die Katze. Nicht für uns. Simba selbst sah uns mit seinen Katzenaugen an, aus denen großes Vertrauen sprach und auch große Zufriedenheit über den bisherigen Verlauf von Weihnachten. So verbrachten wir auch den zweiten Feiertag. Kuscheln, Couch, Maultaschen. Abends lief Simba plötzlich ohne Humpeln durch die Wohnung, zum ersten Mal seit mindestens zwei Jahren. Am Tag nach Weihnachten sprang er ohne Hilfe und Kissentreppe aufs Sofa und sah sogar herausfordernd nach den Vögeln im Garten, so als wollte er sie warnen, ihn noch nicht komplett abzuschreiben. Eine Wunderheilung. Weder meine Mutter noch ich brachten es fertig, Simba in diesem Zustand zum Tierarzt zu bringen. »Schau ihn dir an, das wär doch jetzt absurd!« Wir atmeten erleichtert auf, machten Musik und tanzten durch die Wohnung. Der Kater tanzte mit. Zumindest redeten wir uns das ein. Die Oma machte einen Zwiebelrostbraten und rief zu Simba: »Siehste, und dich hätten sie schon drangeben wollen!« Es klang anklagend, wie eine Warnung an uns, sie nicht genau so leichtfertig dranzugeben. Ihr tropften große Tränen aus den Augen. Ich kannte meine Oma schon über dreißig Jahre und sah sie jetzt zum ersten Mal weinen. Simba lebte danach fast noch ein halbes Jahr. Meine Oma hat ein gerahmtes Foto von ihm auf dem Sideboard stehen.

Die Liebe

und die magischen Worte

»Ich liebe dich«, sagen, laut einer aktuellen Umfrage, sechsundzwanzig Prozent der Männer bei einer neuen Beziehung schon innerhalb einer Woche, bei den Frauen sind es nur vierzehn Prozent. Dreiundzwanzig Prozent der Befragten warten mindestens einen Monat. Fünfzehn Prozent sagen es nach drei Monaten. Sechs Prozent sagen es nie.

Im Urlaub klappen sich die Herzklappen auf, machen *Tag der offenen Tür* und sind bereit, jemanden reinzulassen. Vor allem, wenn man sechzehn ist und das Herz auch und beide keine Ahnung haben oder vielleicht nur eine Ahnung. Eine Ahnung vom Neuen, von tausend Möglichkeiten, vom ganzen Leben, das morgen losgehen kann. Mit sechzehn sind wir alle noch unsterblich. In dem Alter will man keine Vier-Sterne-Hotels, man will viel mehr als vier Sterne, man will alle und jemanden, der sie einem vom Himmel holt, die komplette nächtliche Lichtorgel. Und wo geht das besser als in Italien, dem Land, wo die Liebe ja mal erfunden wurde? Und die Pizza und die Vespa und die Jungs mit dunklen Haaren und einem Lächeln wie vier Kugeln Stracciatella. Ein Campingplatz in meiner Heimat ist bloß ein Acker mit Zelten, in Italien ist derselbe Acker der Vorgarten vom Paradies, und Mario ist das Double von Romeo. Marios Gene haben schon seit Generationen genug Sonne abbekommen, so dass er von Geburt an aussieht wie Urlaub. Der fährt auf seiner Vespa ohne Helm und raucht dabei. Das ist die Freiheit. Wir reden mit Händen und Füßen und Augen. Man kann ja auch auf Sachen draufzeigen und sagen »bella«, »buono« oder »due davon«, und er weiß dann schon. Wie viele Wörter braucht man denn, wenn man sechzehn ist und verknallt? Und Mario hat sich außerdem schon ein bisschen Deutsch draufgeschafft. Aus heutiger Sicht vermute ich, weil er damals schon eine gewisse Routine als Campingplatz-Romeo hatte, schließlich war er zwei Jahre älter als ich. Aber mit sechzehn vermutet man nichts. Mit sechzehn ist alles zum ersten Mal, und kein Mensch hat jemals zuvor nachts den Sternenhimmel gesehen und das Meer in der Ferne rauschen hören (wahrscheinlich war es sogar die Autobahn, die da gerauscht hat, aber selbst das ist mit sechzehn egal). Und der Gin, der da in der winzigen Osteria mehrfach in dasselbe Glas geschüttet wurde, bestand nicht aus Gin, sondern aus Zaubertrank, aus Leben, so wie es mal gemeint war. Dafür war er erstaunlich billig. Auch für Gin war der Gin erstaunlich billig, was vermutlich daran lag, dass er erstaunlich billig war, weil er eben nicht aus Zaubertrank bestand, sondern aus Fusel. Außerdem hatte ich nichts gegessen, kein Wasser zwischendurch getrunken und vorher noch bunte Cocktails gekippt. Lauter Anfängerfehler. Ich war ja auch Anfänger. In allem, vor allem in Jungs. Bei der Fahrt auf der Vespa zurück zum Campingplatz sitze ich hinten und klammere mich an Mario. Aus Verknalltheit und weil Italien sich dreht. Das komplette Land macht Pirouetten. Erstaunlich, wie Mario es schafft, den Roller auf der Straße zu halten, denn die Straße bewegt sich unter uns, weich und rund wie eine Lakritzschnecke. Die Sterne über uns bewegen sich ebenfalls. Nur in eine andere Richtung als die Straße. Linksdrehende Straße, rechtsdrehende Sterne. Leuchtkonfetti. Das ist alles schön und gleichzeitig auch nicht schön. Der Gin in mir bewegt sich nämlich ebenfalls. Der Gin in mir hat Ebbe und Flut. In sehr kurzen Abständen. Mal schwappt er hoch, dann schwappt er runter. Mir ist parallel schlecht und gut. Ich klammere mich fester an Mario. Wir fahren durch Raum und Zeit. Bis zum Campingplatz. Es ist eine warme Nacht, die Mücken haben Urlaub, irgendwo dudelt entfernt ein Radio und spielt diese italienische Musik, die sich daheim immer anhört, als ob jeder Wirt sie zur Eröffnung seiner Pizzeria geschenkt bekommt, hier aber klingt sie super. Hier gehört diese Musik hin, hier ist sie zu Hause. »Bello e impossibile«, schön und unmöglich. Es könnte alles schön sein, wenn mir nicht so unmöglich schlecht wäre. Verknallt und besoffen ist keine gute Kombination. Bei jedem Kuss von Mario fürchte ich, dass ich ihm in den Mund kotze. Das wäre vermutlich wirklich mal eine Premiere in der Menschheitsgeschichte. Mario merkt nichts davon, wie es in mir aussieht, oder er lässt sich nichts anmerken. Er lächelt weiter sein Stracciatella-Lächeln. Die Nacht ist gnädig dunkel, ich dagegen bin vermutlich weißer als

Mozzarella. Es wäre schön, wenn ich jetzt alleine wäre und in Ruhe vor mich hin jammern könnte, gleichzeitig soll Mario dableiben, ich will nicht, dass er geht, natürlich nicht. Julia sagt ja nicht zu Romeo: »Geh besser heim, mein Freund/mein Schädel dröhnt, wie hundert Nachtigallen.« Ich muss mich enorm konzentrieren, um den Gin und die bunten Cocktails unter Kontrolle zu halten. Wenn ich diese Konzentration in der Schule aufbringen könnte, wäre das Abitur kein Problem. Jetzt hat Mario etwas gesagt. Er muss eine Wasserwaage haben. Moment, was ist los? Nein, er hat gesagt: »I mussa di wassa sage.« Ah! Nach meiner begrenzten Erfahrung ist es nie gut, wenn ein Junge einem was sagen muss. Jetzt wird rauskommen, dass Mario kein Italiener ist, sondern auch Schwabe; jetzt wird rauskommen, dass Mario durch meine torkelnden Gin-Küsse herausgefunden hat, dass er lieber schwul wäre; jetzt wird rauskommen, dass Mario auf bizarre Sexualpraktiken steht. Mir ist eh schon schlecht, und jetzt soll ich ihm womöglich noch die Füße lecken. So was soll es ja geben. Ich hab da einiges gelesen. Er hat wieder was gesagt. Es klang wie »ich liebe dich«. Ich überlege, was er wirklich gesagt haben könnte, vielleicht, dass er mich lieber dick hätte. Vielleicht bin ich ihm zu dünn. Hier in Italien ist nichts unmöglich, auch das nicht. Er guckt erwartungsvoll, und ich will ihm sagen, dass ich jetzt, hier und heute beim besten Willen nichts mehr essen kann. Dann sagt er es noch mal: »Ich liebe dich.« Kein Zweifel. Das hat er gesagt. Fast akzentfrei. Das ist meine Premiere. Das erste Mal. Und ich, ich habe hundert Promille im Blut, Panna cotta in den Beinen und einen Schädel aus Lasagne. »Ich liebe dich.« Nach ein paar Nachmittagen am Strand, auf dem Campingplatz und in der kleinen Osteria. Nach vier Tagen, drei Worte. Die einzigen drei Worte, die keine Frage bilden, auf die man aber dennoch zwingend etwas antworten muss. Möglichst etwas anderes als »mir ist leider schlecht«, »lass uns das morgen besprechen« oder »guck mal da, ein Glühwürmchen!«. Ich bin nicht schlagartig nüchtern, aber doch jetzt nüchtern genug, um mich daran zu erinnern, dass man mit dem Wort Liebe vorsichtig umgehen soll. Ein Herz ist wie eine entsicherte Handgranate. Die gibt man ja auch nicht einfach irgendwem in die Hand und sagt: »Hier, von mir, für dich! Viel Spaß damit!« Ich hab nämlich nicht nur was über Fetische, Perversionen und sexuelle Vorlieben gelesen, sondern auch über die Liebe. Dass sie sich über Dauer beweist, nicht über die Stärke. Dass es einen Unterschied gibt zwischen Verliebtheit und Liebe. Dass man »ich liebe dich« nicht einfach so sagen soll wie »schönen Tag noch« oder »war lecker«. Das kann man sagen, ohne es zu meinen. Die Liebe ist heiliger. Man kann sie nicht einfach behaupten. Man darf sie niemandem vorlügen. So, wie man auch nicht beten kann, ohne zu glauben. Ich bin sechzehn und weiß, dass ich Mario nicht liebe. Ich hab ja nicht mal ein Vergleichsgefühl, aber ich weiß es trotzdem. »Ich liebe dich«, denkt mein sechzehnjähriges Ich, das muss sich anders anfühlen. Keine Ahnung wie, aber anders. Selbst wenn ich den Gin und die Cocktails abziehe, ist das da in mir keine Liebe. Es ist toll, bunt, wild, aber Liebe? Darf man es nicht nur dann Liebe nennen, wenn man sich sicher ist, dass es für immer gilt oder wenigstens für länger? Jedenfalls für länger als die sechs Tage, die ich noch in Italien sein werde?

Er sieht mich an, als hätte er mir etwas Beeindruckendes geschenkt, einen kinderkopfgroßen Diamanten zum Beispiel, oder als hätte er einen Drachen für mich erstochen. Drüben, vom anderen Zelt, kommt immer noch Musik, aber mein Schweigen ist jetzt lauter. Ich muss etwas sagen. Ich muss jetzt sehr bald etwas sagen. Ich entscheide mich für:»Wieso?« Wieso? !!! Na Glückwunsch! Auf der Liste der unglücklichsten Antworten auf»ich liebe dich« ist»wieso?« vermutlich ziemlich weit oben. Als hätte einem die berühmte Fee einen Wunsch freigegeben, und man kommt auf nichts und wünscht sich spontan eine Tafel Schokolade. Da denkt die Fee ja auch:»Ach du Scheiße! Echt jetzt? Schokolade???« Es hat aber einen Grund, warum Feen immer Frauen sind. Männer sind für den Job nicht geeignet, denn Super-Mario guckt ganz unfeenhaft unbeeindruckt.»Wieso nicht? Frauen wollen das doch hören«, sagt er. Ich bin einerseits begeistert, weil er mich zu den Frauen zählt und nicht mehr zu den Mädchen. Andererseits bin ich völlig von der Rolle, weil ich denke, dass man mit der Liebe nicht so leichtfertig um sich werfen sollte, nur weil man denkt, dass der andere das gerne hören will.»Du hast Augen wie Sterne«,»du bist schöner als das Meer«,»beeindruckend, wie viel Gin du verträgst!« – es gibt viel, was ich gerne gehört hätte. Das hätte ich einordnen können, aber»ich liebe dich«? Einfach so?»Ich hab unsere Schulden fürs Haus komplett abbezahlt!« So was will man ja auch hören, aber eben doch nur, wenn es auch stimmt. Die Liebe will ich auch nur hören, wenn sie stimmt.

Es wurden merkwürdige restliche Tage in Italien nach diesem ersten Mal »ich liebe dich«. Ich hielt mich vom

Gin fern und auch ein bisschen von Mario. Es war nicht mehr dasselbe. Der blaue Himmel war nicht mehr ganz so wolkenlos. Ich hab die Skepsis von damals behalten. Sie ist im Laufe der Jahre sogar noch gewachsen. Es gab andere »Ich liebe dichs«. Andere Männer, die erzählten, es käme keine andere Frau mehr für sie in Frage, und die dann ein paar Wochen später schon mit der nächsten Schnalle durchs Kino zockelten. Oder die jetzt mittlerweile schon zum zweiten Mal verheiratet sind, aber beide Male nicht mit mir. Zum »Ich liebe dich« gibt es offenbar mehr Kleingedrucktes als zu einer Arbeitsunfähigkeitsversicherung. Wann es gilt, wann nicht und welche Voraussetzungen erfüllt sein müssen. In der Politik führen diese nicht eingehaltenen Versprechen zur Politikverdrossenheit. Bei Liebesverdrossenheit ist der Schaden womöglich noch größer ...

Die Liebe
und Hollywood

Weihnachten in der Kleinstadt ist natürlich nicht das Fest der Liebe, sondern das jährliche Treffen der Ehemaligen. Alle, die den Rest des Jahres weg sind, kommen für ein paar Tage zurück, wie kurzzeitige Zugvögel. Am Tag vor Heiligabend sind die Kirchen leer und die Kneipen voll. Weil sich in Kleinstädten wenig ändert, sind es immer noch dieselben Kneipen wie früher. In dieser hier saßen wir schon zu Schulzeiten während der Freistunden oder wenn der Stundenplan Langeweile vorsah in Gestalt von Mathe oder Chemie. Fast alles ist gleich geblieben, außer dass die Preise jetzt in Euro sind und man zum Rauchen mittlerweile vor die Tür muss. Hier habe ich weite Teile meiner Jugend verbracht und mir ausgemalt, wie mein Leben sein wird, wenn es nicht mehr hier stattfindet, sondern in New York, Los Angeles oder Chicago. Träume kamen aus Amerika. Gebracht wurden sie vom Fernsehen. Meine Welt war schwäbisch, meine Sehnsucht aber sprach englisch. Ich ging vormittags in eine deutsche Schule und nachmittags im Fernsehen auf eine Highschool in Beverly Hills 90210. Am Wochenende gingen wir wandern in den heimischen Wäldern und anschließend an den See zu Dawson's Creek. Dass man sich bei einem eleganten Essen mit den Bestecken von außen nach innen arbeitet, lernte ich von Julia Roberts in Pretty Woman. Was ein Frappuccino ist, brachten mir die Friends bei. Lange bevor ich das erste Mal in den USA war, wusste ich, wie es dort aussieht. Auch wie Liebe geht, erzählte mir das Fernsehen.

In dieser Kneipe zum Beispiel stand vor einigen Weihnachten ein Typ in meinem Alter, den ich nicht kannte. Kleinstadtkneipen sind wie der eigene Kleiderschrank. Man weiß im Grunde, was drin ist. Man kennt alles, auch wenn man manches lange nicht gesehen hat. Den Typen aber kannte ich nicht. Er wäre mir sonst aufgefallen. Positiv. Das Lächeln zum Beispiel. Die Art von unrasiert, die männlich wirkt, aber nicht ungepflegt. Gute Schuhe hatte der auch. Immer ein Indiz für Klasse. Und genug Selbstbewusstsein, um längere Zeit nichts zu sagen. Wir bestellten beide gleichzeitig einen Glühwein und kamen so ins Gespräch. Und zwar in das Gespräch, das zeigte: Er ist Daniel Häusler, Danni Dödel, Häusi Häusler, die ärmste Sau am untersten Ende der schulischen Wertschätzungskette. Der, der als Kind nicht nur eine Brille hatte, sondern dazu noch eins dieser bunten Augenpflaster, weil er schielte, als hätte jemand bei seinen Glubschern rechts und links verwechselt. Seine beiden Augen waren sich nie einig und arbeiteten ständig gegeneinander. Das Pflaster half nur bedingt. »Ich glaub, der Danni guckt mal vorbei!«, war lange ein stehender Witz. Der ganze Danni war lange ein stehender Witz. Und ich, ich war nicht Sankt Martina, die den Mantel der

Zuneigung teilt, um ihn Danni Dödel umzuhängen. Ich hab ihn mehr als einmal auf Partys stehengelassen und mich gefragt, wer den überhaupt eingeladen hatte. Und jetzt das. Er redet über Windkraft, deren Vorteile er frühzeitig hat kommen sehen. Trotz oder wegen des Schielens. So bescheiden, wie er darüber redet, hat der Wind ihm anscheinend ordentlich Geld zugeweht. Mittlerweile guckt er sogar geradeaus. Mit beiden Augen. Gleichzeitig. Er guckt zu mir. Und lächelt. Jetzt sollte es so weitergehen, dass ich von nahem feststelle: Sein Lächeln ist aus reiner Sahne. Mir wird etwas einfallen, was ich sagen kann, etwas Originelles, über die Wege des Schicksals, die verschlungener sind als die Straßenführung in Rom, wo ich mich in einer wirklich lustigen Anekdote mal verfahren habe. Die Anekdote wird ihn sahnelächeln lassen, und erst jetzt fällt mir auf, dass er diese niedlichen Grübchen hat, beim Lachen. Ich sage, dass man sich im Leben also wirklich immer zweimal sieht, oder besser 2001-mal, nämlich zweitausendmal in der Schule und dann plötzlich hier, jetzt, zum ersten Mal, und er wird sagen, dass man eben manchmal doch eine zweite Chance auf einen ersten Eindruck bekommt und dass ich in seinen ehemals schielenden Augen schöner bin als die Mona Lisa, denn die hat sich in all den Jahren nicht verändert, ich hingegen schon, und zwar zum Besseren. Jetzt lachen wir beide und fragen uns, ob wir nicht die laute, volle Kneipe verlassen sollten, denn draußen fällt der erste Schnee des Jahres. Er fällt lautlos auf eine Krippe vor der Kirche nebenan, und es ist trotzdem nicht kalt, und wir sehen auf die sanft fallenden Flocken und stellen fest, dass alle von weitem gleich aussehen, wie Chinesen, und doch ist jede Flocke anders, was eine Metapher ist fürs Leben, die Menschen und uns, und wir sehen zwei Schneeflocken, die nebeneinander liegenbleiben, für die ganze Zeit ihres kurzen vorweihnachtlichen Lebens, und taufen sie Herr und Frau Holle. Die beiden liegen nicht unter Jesus, sondern unter dem Esel in der Krippe, damit es nicht zu pathetisch ist, und ein sehr alter Mann kommt aus der Kirche und nickt uns lächelnd zu. Vielleicht, ganz vielleicht, ist das Gott, der so kurz vor Weihnachten auch mal in eine Kirche wollte und der uns jetzt seinen Segen gegeben hat, und wer braucht noch mehr Zeichen als zwei Schneeflocken unter einem Esel und Gott? Deswegen küssen wir uns ein bisschen und gehen dann den alten Schulweg noch mal zusammen, wie damals, aber ganz neu. Von irgendwoher kommt Musik. Ich werde sagen, dass es mir leidtut, ihn damals so schlecht behandelt zu haben, er wird sagen, dass wir ja noch den Rest unseres Lebens haben, um uns besser zu behandeln. Wir werden sagen, dass dieses Weihnachten wirklich und wahrhaftig doch das Fest der Liebe ist, und dann werden wir uns noch mal küssen. Dieses Mal richtig.

Nichts davon passiert. In Wirklichkeit wissen wir beide nicht, was wir sagen sollen, außer »Mensch, gibt's ja nicht« und »… weißt du, was der Dings jetzt macht?«. Wir klappern die Entwicklungen der gemeinsamen Bekannten ab. Von nahem hat er immer noch einen leichten Silberblick, das ist ein bisschen irritierend, aber nicht schlimm. Er hat ein schönes Lächeln, mit Grübchen und allem, aber auch noch Minze am Zahn. Ich gucke dauernd auf die Minze. Er redet über Windkraft. Ich versteh nur die Hälfte, teilweise, weil es sehr laut ist in der

Kneipe, teilweise, weil es um Windkraft geht. Irgendwann gehen wir zusammen vor die Tür, wo es angefangen hat zu schneien. Der erste Schnee des Jahres fällt lautlos auf die Krippe vor der Kirche. Es ist plötzlich schweinekalt geworden und windig, und ich bin wie immer zu dünn angezogen. Jetzt, da es ringsum leiser ist, fällt noch mehr auf, was wir sagen. Er sagt, dass es echt nett ist, mich wiederzutreffen, und meint nett im positiven Sinn. Ich sage, dass er mit Abstand die größte Veränderung von allen hingelegt hat. Ein sehr alter Mann kommt jetzt aus der Kirche, hustet irgendwas aus seiner Lunge hoch, was er dann ausspuckt. Er sieht uns nicht. Wir überlegen, ob wir wieder reingehen in die laute Kneipe oder womöglich heim. Ja, lieber heim, was praktisch der alte Schulweg ist. Er sagt, dass er das damals richtig scheiße fand, Danni Dödel zu sein, dass er seine Augen gehasst hat, und ich überlege, wie das ist, wenn man seine Augen hasst. Der Wind wird stärker. Ich friere bis tief in die Knochen. Da lodert nichts im Herzen, es erwärmt mich nichts in der Seele, ich friere einfach. Wir reden von früher. Ich sehe unsere Schulzeit und mich selbst quasi noch mal aus Dannis schielenden Augen. Jetzt ist er aber drüber weg, sagt Danni, und direkt danach sagt er, dass das nicht stimmt. Keiner kommt je über seine Kindheit weg, nicht mal, wenn er schon sehr alt ist. Ich sage, dass das absolut stimmt, und habe gleich zwei Episoden von früher parat, die so nah in meinem Gedächtnis liegen, als wären sie letzte Woche passiert. Ich hab sie noch nicht so vielen Leuten erzählt. An der Kreuzung hinter der Stadt haben wir getrennte Wege nach Hause. Wir winken uns zum Abschied. »Mach's gut.« – »Du auch.« Danni ist eine

Überraschung und gleichzeitig eine Enttäuschung, ohne dass er was dafür kann. Das wahre Leben ist immer rumpelig. Das wahre Leben ist eine schlechte Generalprobe zu einem eigentlich großartigen Stück, nur dass jetzt noch nicht die richtigen Kostüme da sind, alle ihren Text noch nicht können, die Musik fehlt und das Licht nicht stimmt. Erwachsenwerden heißt auch einzusehen, dass das Leben nicht so ist wie in den Filmen, aber ich hab zu viele davon gesehen, um so erwachsen zu sein, dass ich das glaube. Schicksalhafte Begegnungen müssen auf dem Empire State Building stattfinden oder an der Manhattan Bridge, wo man im Hintergrund die glitzernden Lichter der Stadt sieht und den Hudson. In unserer Stadt ist das höchste »Gebäude« der Fernsehturm im Wald, und das einzige Wasser, was man von da aus sehen kann, ist im Sommer das Freibad. Richard Gere und Jared Leto hatten nie Minze am Zahn. Nie gab es knarzende Lattenroste in zu engen Betten mit fragwürdiger Michael-Schumacher-Bettwäsche und jüngeren Geschwistern im Zimmer nebenan, wenn die Wand dazwischen offenbar aus Papierbeton war. Leidenschaft sah in Hollywood immer gut aus, nie nach verkniffenen Augen und keuchendem Atem, der noch ein kleines Echo der Käseplatte vom Abend über mein Gesicht wehte. Der Morgen danach war in Amerika immer sonnig, und irgendjemand hatte Kaffee gemacht und Bagel. Nie suchte jemand in einer ausgeleierten Unterhose fünf Minuten seinen zweiten Socken, der sich schließlich unter der Couch wiederfand, neben einem sehr alten, halbgegessenen Hanuta.

Mittlerweile war ich auch schon an der Manhattan Bridge. Es war zugig, joggende Hunde liefen vorbei, überall lag Müll, und der einzige Mann, der mich angesprochen hat, wollte mir Crack verkaufen. Vor dem Empire State Building standen lange Schlangen von Touristen, die aus Asien kamen, eine Fahrt auf die Aussichtsplattform kostete 60 Dollar, und oben wartete trotzdem nicht Tom Hanks. Ich weiß. Ich weiß das alles. Aber jetzt ist es zu spät. Ich bin wie eine von den Graugänsen, die damals hinter Konrad Lorenz* herliefen, weil sie ihn für ihre Mutter hielten. Von außen sahen auch die sicher blöd aus, weil sie alles falsch machten und nicht begriffen, dass sie sich nicht so verhielten, wie es für ihr Leben eigentlich sinnvoll war. Aber auch die haben nicht mit sich reden lassen. Vielleicht hätte ich Danni ohne Hollywood noch mal angerufen. Vielleicht hätten wir uns noch mal getroffen. Womöglich wären wir jetzt verheiratet, hätten zwei Kinder, einen Hund und eine Graugans. Wer weiß? Die neue Generation hat es besser. Die werden groß mit YouPorn,»Game of Thrones« und Superheldenfilmen, wo Küsse nur Special Effects sind und man weiß, dass Liebe völlig unrealistisch ist.

---

* Österreichischer Verhaltensforscher aus dem letzten Jahrhundert, der mich als Kind beeindruckt hat mit dem Satz:»Als kleines Kind wollte ich eine Eule werden, weil Eulen abends nicht ins Bett müssen.« Später, als er merkte, dass Eulen den Nachteil haben, im Gegensatz zu ihm nicht schwimmen oder tauchen zu können, beschloss er, ein Wasservogel zu werden.»Als mir klar wurde, dass ich keiner werden konnte, wollte ich wenigstens einen haben.« Er entdeckte, dass Graugänse das erste sich bewegende Objekt ihres Lebens als Mutter anerkennen, und bekam den Medizin-Nobelpreis.

Die Liebe

und die Dinge des Lebens

Dein Anruf kommt mitten im Tatort, wenn alle zu Hause sind und nichts passiert, wenn das Leben noch mal Luft holt vorm Montag. Du bist schlecht zu verstehen zwischen den Schluchzern, ich kapiere nur, dass trotz Sonntag etwas passiert ist. Du bist im Krankenhaus und brauchst jemanden, der dich abholt. Eine echte Diagnose haben sie nicht für dich, nur Worte. Burn-out, Depression. Du? Du bist doch das Duracell-Häschen der guten Laune, komplette schlechte Tage kannst du weglachen, ich hab's selbst oft gesehen, und wo du hinlachst, laufen die Regentropfen wieder aufwärts. Das halbleere Glas ist bei dir immer halb voll. Mit Champagner. Jetzt aber sitzt du da, in diesem Krankenhausflur, wo die selbstgemalten Bilder an den Wänden einen lächerlichen Versuch unternehmen, so zu tun, als wäre es hier auch ein bisschen heiter, wohnlich und nett. Ist es nicht. Es ist ein Krankenhaus, es ist ein Sonntagabend im Herbst, und du sitzt da, zusammengefallen auf dem Stuhl, als hätte jemand dir die Luft rausgelassen. Ausgeweint siehst du aus, nichts mehr übrig von guter Laune. Von Laune überhaupt.

Ich versuche, Binsen zu vermeiden. Kein »Mensch, was machst du denn für Sachen?«, kein »Kopf hoch, das sieht morgen alles schon wieder ganz anders aus«. Aber was bleibt dann noch zu sagen? Keine Ahnung. Ich weiß ja nichts. Hängengebliebenes Magazinwissen von Burn-out als Modekrankheit und Zeitdiagnose, von Depression als einer Krankheit wie Alkoholismus. Aber sonst? Der junge Arzt sieht selbst gestresst aus, als wäre Burn-out auch für ihn eine Option. Kurzzeitig können sie dir ein bisschen chemischen Frieden geben, in Tablettenform. Und sonst? Schulterzucken, Infoblättchen. Wir fahren erst mal und reden wenig. Rettender Tee, Gästebett, hoffen auf morgen. Und dann fragst du doch noch was, nämlich ob ich weiß, was gut ist am Leben. So gut, dass es sich lohnt, dafür morgen wiederzukommen. Komische Frage, erst mal, weil, ja, das Leben eben, mein Gott. Ist doch so wie Geld, will man erst mal haben und dann gucken, was man damit macht. Und dann, ja, wenn man erst mal anfängt, es durch deine aktuell graue Brille zu sehen, dann ist erstaunlich vieles am Leben wie der Tatort: mäßig spannend, immer dasselbe und letztlich unendlich egal. Und das, sagst du, ist ja schon das Gute. Vieles sonst ist sogar regelrecht beschissen. Wie viele Momente des Tages sind Ärger, Frust, Mist, Stress? Und dann geht noch die Waschmaschine kaputt. Einfach so. Tür klemmt, Wasser noch drin, Wäsche noch drin, die Gebrauchsanleitung irgendwo, der Notdienst hat nur Warteschleife, und das soll dann das Leben sein? Klar, first world problems, aber das nutzt dir ja jetzt nichts. Plötzlich, sagst du, hast du angefangen zu heulen und konntest nicht mehr aufhören. Die Frage: Wofür noch mal aufstehen, morgen?

Ganz simpel. Ich soll dir eine Liste machen. Du sagst es nur rhetorisch. Aber ich, ich denke darüber nach.

Die blaue Stunde

Sartre hat gesagt, drei Uhr nachmittags ist zu früh oder zu spät, um irgendwas zu machen. Der Morgen ist auch schwierig. Der Morgen ist oft zu früh. Das sage ich, nicht Sartre. 14 Uhr ist eine komische Zwischenzeit, nicht mehr Mittag und noch nicht Nachmittag. 16 Uhr geht nur samstags. Früher, weißt du noch?, war da Haarkurzeit, während Beverly Hills und Melrose Place lief. Heute geht meist auch Sonntag um Viertel nach acht, wenn eben alle Tatort gucken und keiner mehr was von einem will, aber das stimmt eben nur meistens, wie wir seit heute wissen.

Verlässlich die allerbeste Zeit ist aber 18 Uhr. Dann ist der Tag noch nicht vorbei, und der Abend hat noch nicht angefangen. Der Tag und die Nacht übergeben sich den Staffelstab und schütteln sich kurz die Hand. Die Welt ist in diesem Zwischenzustand, wenn man den Tag schon gewonnen hat und der Abend, ja das ganze Leben, noch wie ein Versprechen ist. Es ist sanfte Ruhe, manchmal eine magische Stille. Früher war um sechs der Strandtag zu Ende, meine Mutter wartete mit einem ausgebreiteten Handtuch zum Abtrocknen auf mich. Man hatte viel Creme, viel Sonne und Lachen im Gesicht und wollte trotzdem noch nicht heim. Man riss sich noch mal los und rannte ins Meer, obwohl man wusste, dass man geschimpft würde. Als bestünde dadurch die kleine Möglichkeit, dass dieser Tag nicht endet, wenn man einfach im Wasser bleibt. Während man irgendwann doch seine Matte, seine Luftmatratze und viel schönen Tag nach Hause schleppte, kamen einem die entgegen, die sich schon geduscht und zurechtgemacht hatten und damit einen Schritt weiter waren als man selbst. Mit von Wärme entspannten Gesichtern und den Outfits, denen man ansah, dass sie nur im Urlaub getragen wurden. Weiße Hosen, bunte Muster. So wie wir nach Strand und Tag rochen, rochen sie nach Duschgel und Parfüm, nach Ausgehen und Abend. Selbst im Herbst ist es um sechs noch gut. Noch ist es nicht diese nächtliche Schwärze, die einem Angst macht und die Einsamkeit noch einsamer, sondern es ist diese leichte, sanfte Dunkelheit, die das Licht in fremden Fenstern gemütlich wirken lässt. Wenn man sieht, wie irgendwo ein Fernseher läuft, irgendwo anders gekocht wird, Eltern mit ihren Kindern spielen oder all das zumindest passieren könnte, in diesen kleinen lebenden, dreidimensionalen Dias beleuchteter Fenster. Abends um sechs kann man es überall aushalten. Abends um sechs ist das Leben gut.

Die Töne, die Wörter, die Bilder

Wenn der Hase Pech hat, landet er zusammen mit Rotwein und Wacholderbeeren im Kochtopf, wenn er Glück hat, wird er von Dürer gemalt und landet im Museum. Für die Ewigkeit. Dann ist er plötzlich mehr als ein Hase. Dann ist er die Quintessenz der Hasigkeit, hasiger als jeder Hase. Kunst kann das. Uns für Momente das Leben groß machen. Rachmaninow. Das Konzert Nummer zwei. Alles drin, Höhen und Tiefen des Lebens, Klavier und volles Orchester. Gerade mal eine halbe Stunde lang. Der Mensch ist meistens klein und rumpelig. Wir schreiben Einkaufszettel, kritzeln Männchen aufs Papier, weil wir telefonieren, wir phrasen uns durch Gespräche und sagen:»Das ist ja auch nicht mehr der ganz heiße Scheiß«, und dann dazwischen zum Beispiel eben – ja, komm – Beethoven. Freude schöner Götterfunken. Lass mal weg, dass das»Kultur« ist und Orchester und keine Sau mehr weiß, was Elysium ist, hör es mal zum ersten Mal, wie das neue Album von Drake oder Bruno Mars. Dann kann es dir das Herz in den Hals drücken und die Tränen. Dann denkt man:»Ja, richtig, alle Menschen *werden* Brüder«, müssen sie werden, und Schwestern auch, natürlich, und dann ist es nicht kitschig, naiv und gutmenschlich, sondern die absolut einzige Möglichkeit, die wir haben auf der Welt.

Die Menschen auf Edward Hoppers Bildern sind stets die einsamsten, und gerade dadurch ist man selbst es schon ein Stück weniger, weil es mindestens noch einen anderen Menschen gab, der empfunden hat, dass man inmitten eines gut besuchten Cafés allein sein kann und eine dichtbevölkerte Stadt für einen selbst ausgestorben. Ein paar Zentimeter Farbe sind dann eine Verbindung zwischen zwei sehr unterschiedlichen Einsamkeiten an ganz unterschiedlichen Orten zu unterschiedlichen Zeiten. Das ist das unschlagbar Großartige, dass man in Büchern, Bildern, Filmen und Liedern merkt, ich bin nicht der Einzige, der denkt und fühlt wie ich. Ich bin nicht alleine. Nicht nur bei den dicken Brettern. Manchmal kriegt dich die Scheißmusik zur Merci-Werbung, manchmal ein Fami-

lienausflug der Simpsons, manchmal das so schön hinge-
sprühte »ich muss die ganze Zeit an dich denken« an der
Hauswand neben dem Bäcker, wo man dem, der denkt,
und dem, an den gedacht wird, nichts als Glück wünscht,
jedes Mal, wenn man daran vorbeikommt. Der tausendmal gesehene Kölner Dom, der plötzlich
noch mal neu in den Himmel ragt, weil man ihn aus der
Perspektive doch noch nicht kennt. Da ist die unfassbare
Idee, dass vor fast siebenhundert Jahren Leute dachten,
so eine Kirche müsse möglich sein.

Und außerdem: eine wirklich gute Suppe, die so
schmeckt, als hätte der Koch sie nicht mit Routine gekocht, sondern mit Liebe. Der Geruch von Wald nach
einem Regen. Der Blick eines Hundes, der sich auf deinen
Füßen niederlässt. Der Anblick einer nächtlichen großen
Stadt aus dem Flugzeug, wie unglaublich viele Leben dort
jetzt gerade in diesem Moment stattfinden. Der Moment
nach dem Sport, wenn der eigene Körper funktioniert hat.
Der erste Schnee. Die grenzenlose Begeisterung von Kindern. Ein frisch bezogenes Bett. Die Unendlichkeit, mit
der ein Meer in Wellen an den Strand rauscht. Sex. Die
erstaunliche Fähigkeit von Menschen zu neuen Erkennt-
nissen: Irgendjemand hat mal das Papier erfunden und
das Elektronenmikroskop. Die ausgesternte Nacht auf
dem Land. Und dahinter womöglich Gott.

Die anderen Leben

Meine Eltern ließen mich hauptsächlich deswegen ein Instrument lernen, um mich ein paar weitere Stunden in der Woche zu beschäftigen. ADHS war damals in meiner kleinen Heimatstadt noch nicht erfunden, und deswegen galt ich noch schlicht als sehr lebhaft. Um mich irgendwann müde zu bekommen, schickte man mich zu allen möglichen Aktivitäten. So kam das Saxophon in mein Leben. In einer größeren Stadt mit anderem Freizeitangebot wären es womöglich Standardtänze gewesen, Kickboxen oder Synchronschwimmen. So aber war es das Saxophon. Das Jugendorchester einer kleinen Stadt ist eigentlich ein Garant, um alles zwischen »My Way« und »In the Mood« zur Unkenntlichkeit zu massakrieren, aber unser musikalischer Leiter hatte Ehrgeiz und ein gutes Musikverständnis. Er nahm seinen Job ernst und uns. Deswegen war er streng. Er hatte die heute völlig aus der Zeit gefallene Idee, nur zu loben, wenn man etwas tatsächlich gut gemacht hatte. Als er mir eines Tages bescheinigte, nicht nur musikalisch zu sein, sondern wirklich talentiert zu sein und meinen Part wirklich gut gemacht zu haben, war das vermutlich das erste Mal, dass mich jemand lobte, der nicht mit mir verwandt war. Nicht dieses »du bist aber süß, hübsch, bla« von Nachbarn oder Freunden meiner Eltern, sondern echt, wirklich und mit Grundlage. Wie alle ersten Male hatte auch dieses einen Zauber. Dadurch hatte ich plötzlich die Idee, dass auch ich womöglich ein Talent habe, nicht nur Leute, die weit weg in Amerika wohnten und längst tot waren, sondern wirklich und wahrhaftig ich. Dass ich vielleicht in etwas gut sein könnte. Jemand anderes hatte mich gesehen, hatte nicht nur meine Anwesenheit wahrgenommen, sondern wirklich mich. Auf ganz eigene Art und Weise war das damals die Grundlage dafür, dass ich heute darüber schreiben kann und andere es sogar lesen. Weil mir jemand etwas zugetraut hat, hab ich mir selbst später etwas zugetraut. Wir haben diese Möglichkeit, andere Leben in eine andere Umlaufbahn zu schicken. Nicht nur Kinder. Man kann auch jemandem mit 30, 50 oder 74 etwas sagen, was sein Leben verändert. Man kann Zweifel nehmen, man kann Vertrauen schenken, man kann Selbstbewusstsein wiederherstellen.

Ich weiß das von dir. Von den zweitausendvierhundertneunzig Tassen Kaffee, die wir zusammen getrunken haben. An unzähligen Tischen, überall. Dabei hast du mir gesagt, dass ich so bleiben kann, wie ich bin. Nicht im Margarine- und Käseersatzsinne, sondern so, dass es etwas bedeutet. Durch dich weiß ich, dass es nicht nur darum geht, was man erreicht hat, sondern dass es auch ein Leben außerhalb davon gibt und dass ich da mitmachen kann. Bei den Dingen des Lebens. Eben dem wirklich guten gemeinsamen Kaffee, den geliehenen selbstgestrickten Socken, dem gemeinsam weggetanzten Abend, dem einen echten Geheimtipp vom kleinen Hotel am Strand, dem Wochenende mit nicht nur gepackten, sondern auch geschleppten Kartons, den unzähligen kleinen, guten Momenten, die ein eigenes Buch füllen würden. Dafür lohnt es sich für mich. Ich hoffe sehr, dass dir das auch reicht.

Die Liebe
und die Nächstenliebe

Mit den anderen stimmt was nicht. Darauf können wir uns ja wohl alle einigen. Die Leute sind durch die Bank schlimmes Volk. Ausnahmen bestätigen die Regel und gelten nur kurz. Für die Dauer einer Ehe, zum Beispiel. Die liegt jetzt im Durchschnitt bei zehn Jahren. Danach sind alle wieder Leute. Und es wird immer schlimmer da draußen. Im Grunde kann man nicht mehr aus dem Haus. Man ist eine Insel im Meer des Irrsinns. Im günstigsten Fall sind die anderen Statisten unseres Lebens, im ungünstigsten Fall haben die Statisten sogar Text. Text, mit dem sie uns ansprechen. Dann antworten wir, und damit ist schon die Grundlage für ein Desaster gelegt.

Im Zug zum Beispiel. Züge sind ja mittlerweile nichts anderes als Klapsen auf Schienen. Eine Art Erwachsenenhort, wo lebensunfähige Menschen fahrend eine Zeitlang aufbewahrt werden. Die meisten haben schon Bluthochdruck, wenn sie am Automaten eine Fahrkarte kaufen sollen, anschließend drängeln die, die einsteigen wollen, gegen die, die aussteigen müssen, und drinnen verbringen alle die Fahrzeit telefonierend. Da werden offensichtlich wochenlang Telefonate aufgespart, um sie »in Ruhe« im Zug zu erledigen. Hier hört man sogar noch Klingeltöne! Klingeltöne sind, ähnlich wie Longboards, Leggings oder Tätowierungen, etwas, das man nicht mehr haben sollte, wenn man erwachsen ist. Dass ein Handy auch vibrieren kann, könnte sich doch mittlerweile eigentlich überall herumgesprochen haben. Stattdessen ertönen im Zug noch »The Entertainer« oder nachgemachte Vogellockrufe. Natürlich finden die Handybesitzer ihr schreiendes Telefon erst nach dem zehnten Klingeln, anschließend kommt der klassische Telefonmonolog zur Aufführung: »Du, ich bin grad im Zug, kann sein, dass ich ... hallo? Hörst du mich noch? ... Hallo? Ja, ich wollte sagen, ich bin gerade im Zug, und da ist die Verbindung manchmal ... hallo?« Zugabteile haben die alten Telefonzellen abgelöst, nur dass man damals nicht wollte, dass alle mithören.

Ich sitze in einem ICE. Der Großraumwagen ist so leer wie der Kopf von Carmen Geiss. In Münster steigt eine Frau zu, vielleicht zehn Jahre älter als ich, und sagt: »Ich glaub, Sie sitzen auf meinem Platz!« In einem Ton, freundlich wie ein Tumor. Ungehobelt, humorfrei, deutsch. Es stellt sich heraus, sie will nach Bochum. Wir sind, wie gesagt, in Münster. Zwischen Münster und Bochum liegt ICE-technisch nur noch Dortmund. Falls Dortmund heute nicht überraschend evakuiert wird, ist es also höchst unwahrscheinlich, dass sie den Rest der Fahrt stehen muss, denn der Zug ist nach wie vor leer. Sie könnte überall sitzen. Aber darum geht's ihr natürlich nicht. Es geht darum, dass sie im Recht ist und ich nicht, denn sie hat R E S E R V I E R T!! Es ist dieses gute Gefühl, etwas richtig gemacht zu haben. So, wie nüchtern mit 30 km/h an der Polizeistreife vorbeizufahren und kurz das Gefühl zu haben:»Ihr könnt mir nichts! Ich habe alles richtig gemacht!!« Die kleinen, billigen Triumphe des Lebens. Es wird nichts bringen, sie darauf hinzuweisen, dass sie sich einfach i r g e n d w o hinsetzen könnte, weil der verdammte Zug eben l e e r ist und leer bleiben wird. Die Aussichtslosigkeit erkenne ich an der Art, wie sie ungeduldig neben mir scharrt, mit ihrer ausgedruckten Reservierung in der Hand. Ich klappe also meinen Laptop zusammen, sammle meine Unterlagen ein, meine Jacke, mein Wasser und meinen gesamten Hausrat, den ich immer auf Reisen mitnehme. Dann wuchte ich mein Gepäck von der Ablage, während sie sich schon setzt. Einer plötzlichen Intuition folgend, lasse ich der reservierten Frau meinen schweren Hartschalenkoffer auf den Kopf fallen. Ihr Genick gibt überraschend leicht und leise nach. Es klingt im Prinzip so, als würde man einen dicken Butterkeks zerkrümeln. Knacks. Das war's. Nicht lauter als eine überfahrene Weiche. Es fließt kein Blut, es quillt kein Hirn. Nichts. Keiner hat was bemerkt. Nicht mal sie. Jetzt ist sie einfach tot. Für meinen Geschmack ging es eigentlich zu schnell. Die Frau hatte gar keine Zeit mehr festzustellen, dass nichts im Leben sicher ist, selbst reservieren nicht. Sie hätte jetzt, hier im ICE lernen können, dass man die Endstation des Lebens nicht in der Hand hat, auch wenn man den Fahrschein amtlich ausdruckt. Schade, jetzt ist sie dumm geblieben und dumm gestorben! Ich zerre ihren leblosen Körper auf einen der vielen freien Plätze.»Ggf. freigeben« steht auf dem Reservierungshinweis über ihr. Sie sieht aus, als ob sie schläft. Ich setze mich wieder.

Nichts davon stimmt. Das findet natürlich alles nur in meiner Phantasie statt. In Wirklichkeit stehe ich einfach widerstandslos auf, gebe den reservierten Platz frei, fluche innerlich, setze mich aus Trotz gegenüber auf die andere Seite und hasse sie still, aber intensiv von da aus. Ich hasse ihre ekelhaft praktischen Kreppsohlenschuhe, ihre formlose Jeans, das maximal farblose Blau ihres Oberteils. Ich hasse sie einmal komplett von oben bis unten. Wenn Blicke so töten könnten wie Hartschalenkoffer, wäre sie jetzt auch tot. Sie merkt von alldem nichts. Natürlich nicht. Wer in einem leeren Zug auf einem reservierten Platz besteht und Kreppsohlenschuhe trägt, hat aufgehört, etwas zu merken. Sie hat stattdessen selbstverständlich schon eine Tupperdose aus der Tasche geholt, mit Apfelspalten und einem Wurstbrötchen, und sie liest kauend in einer Illustrierten, die vorne auf dem Titelblatt über ein Ehe-Aus bei Angela Merkel berichtet. Auch die Frau trägt einen Ring am gleichnamigen Finger. Während draußen vor den Fenstern das überflüssige Münsterland vorbeigeschoben wird und ihr ein winziges Stück Wurst am Kinn hängen geblieben ist, versuche ich mir vorzustellen, welcher Mann eines Tages gedacht hat: »Ja, für den Rest meiner Tage will ich neben dir aufwachen!« Was für ein Leben muss er geführt haben, um zu denken, dass diese Frau es dauerhaft besser machen wird? Ich male mir aus, wie sie vor Jahren getanzt hat, auf diesen Kreppsohlen, den Ententanz womöglich, oder zu »Ich war noch niemals in New York«. Sie hat dann, ganz außer Atem, dem Mann eine Hand auf die Schulter gelegt: »Ich glaub, Sie sind für mich reserviert!« Ein Knaller-Opening, ein Grad von Esprit, den sie anschließend im Leben nie wieder erreicht hat, während er dachte, dass sie immer so ist und damit wesentlich charismatischer als er, sich aber dennoch für ihn interessiert. Eine einmalige Gelegenheit! Womöglich haben die beiden sogar Kinder, auf jeden Fall aber hat sie Freunde, Freundinnen, Menschen, die sie freiwillig einladen. Auch sie kennt Leute, die ihr Nachrichten schicken. »Liebe Marion, wollte mal hören, wie es dir geht!« (Ich hab sie still für mich Marion getauft.) »Hey, Mari, wir müssen unbedingt mal wieder einen Kaffee trinken!« Es ist eines der für mich verblüffendsten Dinge des Lebens, dass jeder Mensch Menschen hat. Für jeden gibt's jemanden. Keiner bleibt ganz allein. Auch der härteste Eigenbrötler hat einen Eigenbrötler-Stammtisch, wo er sich mit Gleichgesinnten trifft. Selbst Trump hat Freunde. Marion hat ganz sicher etliche Freunde. Bestimmt mehr als ich. Vermutlich wäre bei einer Abstimmung die Mehrheit der Deutschen sowieso auf Marions Seite. Wir sind ja ein Volk von Reservierern. Vielleicht ist ja auch alles mein Fehler. Sie hat ja recht. Sie hatte reserviert und bestand nun einfach auf ihrem Platz. Ich dagegen hatte nur eine kleine Unannehmlichkeit, ein paar vergeudete Minuten, die ich andernfalls doch eh nur mit Rumdaddeln verplempert hätte. Kein Grund, gleich auszurasten. Größe zeigt sich im Kleinen. Ich weiß das von meiner Mutter.

Es war das erste Weihnachten nach der Scheidung meiner Eltern. Mein Vater war wieder zurück zu seiner Mutter gezogen, die aber kurz vor Weihnachten ins Krankenhaus kam. Obwohl die Scheidung für alle ein ziemliches

Seelenmassaker gewesen war, beschlossen meine Mutter und meine andere Oma, dass mein Vater, wenn er wollte, mit uns Weihnachten feiern konnte. »Niemand sollte an Weihnachten allein sein«, sagte meine Mutter, »so war das doch gemeint mit der Nächstenliebe.« Wenn sie es mit ihrem Exmann hinbekommen hat, im Namen der Nächstenliebe elegant über ihren Schatten zu springen, nur weil Weihnachten war, dann sollte ich das doch wohl mit einer mir völlig unbekannten Frau auch schaffen. Als die reservierte Marion kurz hochguckt, spanne ich all meine Gesichtsmuskeln an und grinse rüber. Und sie grinst zurück, kurz hinter Osnabrück. Sie bietet mir von ihrem Apfel an. Wie Eva damals. Nur, dass wir nicht im Paradies sind, sondern im ICE und Gott lange tot ist. Deswegen kann ich das Stück Apfel auch unbedenklich nehmen. Es ist ein Friedensapfel. »Das war ja ganz schön unnötig, Sie zu vertreiben«, sagt sie jetzt mit Blick auf das leere Abteil. »Wissen Sie, ich fahr nicht so oft Zug, und ich war irgendwie nervös…« Marion wirkt jetzt gar nicht mal so unsympathisch. Ich erzähle ihr, wie ich mal vor Jahren auf einer Klassenfahrt in Rom den falschen Zug genommen habe und plötzlich statt an der Spanischen Treppe in irgendeinem Vorort stand, wo niemand Deutsch oder Englisch konnte. Als gelernte Panikerin war ich mir sicher, dass ich nur noch als Schlagzeile zurück nach Hause komme. »Deutsche Schülerin in Rom verschollen!« Danach war ich in Zügen auch lange nervös. Sie lacht ein ganz befreites, nettes Lachen und erzählt, dass sie auf dem Weg zur Ruhr-Universität ist, um dort ein paar Wissenschaftler zu treffen, mit denen zusammen sie gerade an einem Mittel gegen Krebs forscht. Sie sind schon relativ weit, sagt sie. Gut möglich, dass sie noch in diesem Jahr einen Durchbruch haben. Es gilt jetzt, die Ergebnisse in ihrem Laptop auszuwerten. Womöglich ist Marion zukünftige Retterin der Menschheit oder wenigstens Nobelpreisträgerin. Auch die müssen ja verreisen. Um ein Haar hätte ich sie umgebracht.

Das mit dem Apfel stimmt, das mit dem Mittel gegen Krebs hab ich mir ausgedacht. In Wirklichkeit fuhr Marion einfach nur zu einer strunzlangweiligen Fortbildung für ödes Personalmanagement. Aber es wäre möglich gewesen, dachte ich. Bei jedem ist am Ende immer beides möglich: die ungeheure Überflüssigkeit eines Menschenlebens und auch dessen völlige Unersetzlichkeit. Es kann nämlich durchaus sein, dass ausgerechnet Marion das Mittel gegen Krebs findet. Ja, sicher, die Chancen dafür stehen nicht gut, aber wie hoch stehen die Chancen, den Jackpot im Lotto zu gewinnen, und wie viele Menschen spielen trotzdem Woche für Woche? Na also!

Das ist mein Deal: Wenn wir in vier von fünf Fällen bei Alltagsgenerve ausrasten, hupen, Finger zeigen und dem anderen mental den Hartschalenkoffer auf die Rübe zimmern, ist das absolut in Ordnung. Die anderen Vollidioten, Hornochsen und Nixblicker haben es hundertprozentig verdient, uns geht es dadurch kurz besser, und wer hat schon jemals auf uns Rücksicht genomen? Aber jetzt kommt's: Denken Sie in jedem fünften Fall, dass der andere vielleicht eben auch einen schlechten Tag hatte, unsicher ist, einsam oder im Kopf damit beschäftigt, das Mittel gegen Krebs zu finden! Ja, auch, wenn es Marion ist. Oder Mohamed. Gerade dann. Das ist der Deal. Verständnis für jeden fünften Hornochsen. Lassen Sie ihn in

Ruhe, bleiben Sie selber ruhig, machen Sie etwas ganz Verrücktes, und lächeln Sie womöglich sogar! Ja, ich weiß, Sie sind Deutscher in Deutschland, hier wird nicht gelächelt, schon gar nicht mit Fremden. Aber so sind Sie ja danach wieder für die nächsten vier Pimmelotter. Bitte, ziehen Sie's durch! Jedes fünfte Mal! Denken Sie daran, für jemand anderen sind Sie womöglich selbst der Fünfte. Die Welt wird besser werden dadurch. Das verspreche ich Ihnen.

Die Liebe
und Deutschland

Liebe Mitbürgerinnen und Mitbürger,

Sie kennen mich noch nicht. Viele von Ihnen werden womöglich noch gar nicht mitbekommen haben, dass ich jetzt Bundeskanzlerin bin, denn es ging ja doch alles recht schnell. Umso wichtiger, dass Sie mich kennenlernen. Überall heißt es, die Politik habe den Kontakt zu den Bürgern verloren, weswegen die Bürger jetzt politikverdrossen sind. Das bin ich auch. Ich bin zusätzlich noch sportverdrossen, diätverdrossen, modeverdrossen und verdrossenheitsverdrossen, das bedeutet, ich gehöre zur Verdrossenheitselite in diesem Land, wo Verdrossenheit ein Nationalsport ist. Verdrossene Bürger, liebe Landsleute, benehmen sich wie renitente Achtährige, die mit Mutti im »Venezia« sind: Statt sich zu freuen, in einer Eisdiele zu sein, wo einem jemand einen Pinocchio-Becher ausgeben will, wird gemeckert, dass die Portionen zu klein sind, schon wieder ödes Vanilleeis dabei ist und dann auch noch ohne Sahne. Das, liebe Mitbürgerinnen und Mitbürger, hört mir auf, und zwar zügig! Deutschland ist nämlich das »Venezia«. Ja, unsere Heimat ist wie eine Eisdiele, ein wunderbarer Ort. Hier ist alles top. Ja, ja, Sie haben Schlaglöcher auf der Straße vor Ihrer Wohnung, im Städtischen Schwimmbad riecht's muffig, und es gibt Leute, die drei bunte Murmeln als Rente kriegen, obwohl sie viele Jahre gearbeitet haben. Alles richtig. Darum müssen wir uns kümmern. Aber unterm Strich steht dieses Resümee: Deutschland ist ein mega Land! Deutschland kommt im Vergleich zum Rest der Welt eins hinter Disneyland! Hören Sie also bitte auf zu meckern!

Ich komme aus einer Familie mit schwäbischem Alzheimer. Das hat man, wenn man die Sachen vergisst, die gut waren, und über alles meckert, was schlecht ist. Damit bin ich groß geworden. Glauben Sie mir also, mit meckern erreicht man bei mir gar nichts. Deswegen, liebe Mitbürgerinnen und Mitbürger, ist Folgendes meine erste Amtshandlung: Alle, die meckern, schicke ich auf Bürgeraustausch. Das heißt, sie bekommen eine kostenlose Bahnfahrt zweiter Klasse ins benachbarte Ausland. Polen, Tschechien, Belgien. Ja, auch Frankreich, aber nicht Paris oder Côte d'Azur, sondern irgendwo in Lothringen. Und ihr bleibt nicht bloß ein verlängertes Wochenende mit Sightseeing und Mutti-nimmt-von-zu-Hause-Kaffee-mit, nee, ihr bleibt vier Wochen. Wer danach immer noch denkt, bei uns ist es scheiße, bleibt noch mal vier Wochen.

Unzählige Male habe ich gehört, die Politik soll mehr auf die »Menschen draußen im Lande hören«. Ich habe das gemacht und festgestellt: Die Menschen draußen im Lande erzählen viel Stuss und haben wenig Ahnung. Nicht alle natürlich, aber als Faustregel hat sich herausgestellt:

Je lauter nach Gehör gerufen wird, desto weniger Ahnung ist vorhanden. Ich weiß auch vieles nicht. Sogar das allermeiste von dem, was heute in der Welt gewusst werden kann, weiß ich nicht. Das aber wenigstens weiß ich, und das ist schon ein wesentlicher Unterschied. Goethe, so sagt man, hatte damals noch das gesamte Wissen seiner Zeit im Kopf. Er hatte ziemlich sicher auch ein Verhältnis mit seiner Schwester – so viel zur deutschen »Leitkultur«, dazu später mehr –, aber damals war so etwas noch möglich. Heute verfügt selbst der gebildetste Mensch nicht mal über einen nennenswerten Bruchteil des gesamten Weltwissens. Die Welt ist nämlich kompliziert geworden. In einem modernen Smartphone stecken schätzungsweise 250 000 Patente. Das ist kein Witz. Die weitaus meisten davon kommen nicht aus Deutschland. Die meisten Rohstoffe, die man braucht, um ein Handy herzustellen, kommen auch nicht aus Deutschland. Unter den beliebtesten Herstellerfirmen für Handys in Deutschland ist keine einzige deutsche. Das heißt, wer will, dass Deutschland wieder mehr für sich bleibt, kann schon mal das alte Wählscheibentelefon rausholen. Und ein sehr langes Kabel, falls man außerhalb der eigenen vier Wände jemanden anrufen will. Und das ist nur ein Beispiel. Ein anderes: Googeln Sie nach einer deutschen Suchmaschine, die Ihnen erklärt, wie GPS funktioniert. Wenn Deutschland seinen Kram lieber wieder alleine machen soll, müssen Sie demnächst auch wieder sehr analog nach dem Weg fragen, und selbst Leute in meinem Alter wissen, was das früher für eine Scheiße war. Früher war nicht alles besser. Früher war das meiste schlechter. Niemand kann im Ernst wieder dahin zurückwollen.

Liebe Mitdeutsche, ich liebe dieses Land. Das klingt pathetisch, gerade in meinem Job, aber es stimmt. Ich liebe, dass ein Krankenwagen kommt, wenn man ihn ruft, und zwar, ohne dass man dem Rettungssanitäter vor Ort noch Geld zustecken muss. Ich liebe, dass Läden, Ämter und Arztpraxen sich an die Öffnungszeiten halten, und zwar nicht Pi mal Daumen oder nach Lust und Laune der Verkäufer, Beamten oder Ärzte, sondern so, wie's auf dem Zettel steht. Ich liebe, dass man hier ungestraft alles sagen kann. Und auch, dass man hier ungestraft dagegen protestieren kann, dass jemand ungestraft alles sagen darf. Man kann legal Sex kaufen und Alkohol, und die Krankenkasse zahlt in vielen Fällen, falls man anschließend sex- oder alkoholsüchtig geworden ist. Das ist eine Sensation! Ich liebe, dass man in diesem Land an Gott glauben kann, an Geister oder an nichts. Niemand muss vor Gericht auf die Bibel schwören. Gemessen am Lebensstandard, den dieses Land noch vor fünfzig Jahren hatte, leben wir fast alle in Saus und Braus. Selbst die, die nicht in Saus und Braus leben, sondern in Thüringen. Ich weiß, dass viele von Ihnen das auch so sehen. Ich weiß, dass viele von Ihnen gerade auch deswegen so ängstlich, böse oder übellaunig sind, *weil* sie es genauso sehen. Sie denken, all das Gute geht demnächst den Bach runter, weil so viel Fremde kommen. Liebe Mitbürgerinnen und Mitbürger, ich verstehe das. Ich bin die Erste, die schwitzige Hände bekommt, wenn ich bei dem bärtigen Mann neben mir im Flugzeug nicht sicher bin, ob es ein Hipster ist oder ein IS-Fan. Genauso kann ich Ihnen versichern, dass es nicht meine Absicht ist, einfach unbegrenzt Menschen ins Land zu lassen. Auch Arschlöcher fliehen, auch

Vollidioten suchen Schutz, und die größten Deppen verlassen ihre Heimat, um woanders noch mal neu anzufangen. Das alles weiß ich. Auch, weil ich auf VOX die Auswandererdokus gesehen habe, in denen aus Deutschland hauptsächlich die Deppen wegwollen, die hier nichts auf die Kette kriegen, um demnächst in Nicaragua einen Pommes-Verleih zu eröffnen. Warum sollte es woanders anders sein? Es kommen also nicht nur Hochbegabte zu uns, ich weiß das. Als Bundeskanzlerin ist es meine Aufgabe sicherzustellen, eine Regelung zu finden, wen wir wann ins Land lassen. Ich werde dabei Fehler machen. Wenn sich irgendwas aus der Geschichte lernen lässt, dann denen zu misstrauen, die sagen, sie wüssten genau, wie es geht. Denken Sie daran, wie es war, als Sie zuletzt eine Grillparty organisiert haben. Sie haben garantiert was vergessen, die Musik war furchtbar, sie hatten drei Nudelsalate, aber keinen Nachtisch, und abends hat's geregnet. Rechnen Sie Ihre Grillparty hoch auf Deutschland, dann wissen Sie in etwa, was in meinem Job alles schiefgehen kann. Aber ich werde es trotzdem versuchen. Nach bestem Wissen. Dabei bitte ich Sie mitzumachen, und zwar auf der vorhin erwähnten Basis. Deutschland ist super, weil wir hier Freiheit haben und die Möglichkeiten, sie zu nutzen. Nicht, weil wir kulturell überlegen sind. Einige Leute essen mit Stäbchen, andere mit den Fingern, und bei uns gibt's draußen nur Kännchen. Das eine ist nicht besser als das andere. Im Schwäbischen gibt es etliche traditionelle Gerichte, die es aus gutem Grund nicht über die Landesgrenzen hinaus geschafft haben, und dasselbe gilt auch für andere Landstriche. Linsen und Spätzle sind nicht automatisch leckerer als Couscous mit Lamm, vor allem nicht, wenn Tante Margot sie an einem schlechten Tag mit den billigen Saitenwürstchen gemacht hat. Bitte, werden Sie neugierig! Versuchen Sie es mit Offenheit! Aus der Tatsache, dass es nur zwei islamische naturwissenschaftliche Nobelpreisträger gibt, aber schon allein über dreißig deutsche Nobelpreisträger für Chemie lässt sich nicht ableiten, dass Sie, liebe Mitbürger, alle schlauer sind als sämtliche Muslime. Es spielen auch nicht alle Deutschen gut Fußball, nur weil »wir« Weltmeister sind. Als Bundeskanzlerin und Frau kann ich nur sagen, dass jede Form von Chauvinismus von mir auf die Finger kriegt. Und zwar mit wumms. Wenn Sie die großen deutschen Dichter schätzen, dann unterstütze ich das in jeder Form, aber Sie können sich nicht auf Goethe berufen und gleichzeitig sagen, dass Sie mit Hitler nichts zu tun haben. Entweder oder. Onkel Kurt war ein super Typ, Onkel Werner ein absoluter Vollidiot, aber beide gehören zur Familie. Soll heißen, Sie sind nicht schuld am Dritten Reich, aber Sie sollten akzeptieren, dass es das gab.

Liebe Mitbürgerinnen und Mitbürger, ich habe in einer schwierigen Zeit ein schwieriges Amt übernommen, bitte helfen Sie mit. Lassen Sie uns gemeinsam vereinbaren, für ein Jahr mit dem Motzen aufzuhören und die Energie stattdessen in etwas Positives zu stecken. Sie müssen keine Flüchtlinge bei sich aufnehmen, auch keine einsamen alten Leute oder verwahrlosten Kinder. Kümmern Sie sich meinetwegen um seltene Vögel im Park oder schräge Vögel im Knast. Helfen Sie in einer Suppenküche, oder putzen Sie die Fugen in dem städtischen Schwimmbad, wo's so muffig riecht. Machen Sie mit im Rahmen Ihrer Möglichkeiten. Einmal die Woche reicht. Nächstes Jahr zu Neujahr sprechen wir uns wieder. Wenn Sie dann mehrheitlich nicht das Gefühl haben, dass dies ein besseres Land geworden ist, trete ich zurück. Versprochen. Vielen Dank!

Die Liebe

und die Nebenwirkungen

I

Das Schnitzel kommt nie alleine. Es bringt immer noch Pommes mit und eine Salatbeilage. Die Liebe und das Schnitzel sind darin sehr verwandt, denn auch der Mann bringt immer noch Freunde mit und eine Familie. Und dann hat man den Salat.* Man kauft nämlich immer den Kater im Sack und weiß nicht, wo der Sack herkommt. In einem Fall bei mir zum Beispiel aus Norddeutschland, also einem anderen Kulturkreis. Vor dem ersten Besuch bei seinen Eltern war ich nervös. Man weiß ja nicht, ob die potentiellen Schwieger-

* Die Frau natürlich auch und alle Transgender. Und das Schnitzel kann auch aus Tofu sein. Tofu ist ernährungstechnisch mittlerweile fast genauso umstritten wie Fleisch, es gibt tolle Lesben und lesbische Arschlöcher, und nicht nur Transgender, sondern auch Intersexuelle haben Familien und Freunde. Wenn ich das alles berücksichtige, bevor ich den Gag mache, ist das Buch voll mit Fußnoten und leer mit Humor, aber das ist das, was wir alle am meisten brauchen: Humor. Und Liebe. Also, bitte ...

eltern einen mögen. Der Mann dagegen machte sich deutlich mehr Sorgen, ob ich umgekehrt seine Familie mögen würde. Mit der Ankunft an seinem Elternhaus war klar, warum. Es stand im Gegenteil einer besseren Gegend. Rechtschreibfehler in den Graffiti (»Leona is eine Huhre«), Kioske statt Cafés, wo man Latte macchiato noch wie Flasche Bier buchstabierte, und die Frauen, die uns entgegenkamen, trugen bunte Haarsträhnen als Frisuren. Die Tür zum Elternhaus öffnete sich. Der Vater begrüßte uns in einer ehemals blauen Jogginghose. Darin hatte er ein T-Shirt gestopft, darauf stand *I love Bier*! Ein erstaunlicher Aufzug, fand ich. Unser Besuch war angekündigt, was bei ihm aber offenbar nicht dazu geführt hatte, sich für den Anlass anzuziehen oder, was ja noch schlimmer war, eben vielleicht doch. Womöglich war das Bier-T-Shirt zum Jogger ja schon das »gute Outfit«. Was die Mutter trug, konnte ich im ersten Moment gar nicht erkennen, denn »Begrüßung« war ein Konzept, mit dem sie offensichtlich nicht so viel anfangen konnte. Sie beließ es bei einem munter hingeworfenen »Tach!« und verschwand dann wieder in der Küche. Der Vater stellte sich mit dem Satz vor: »Moin, ich bin der Kalli!« Von null auf Kalli ist für jemanden aus Schwaben eine echte Herausforderung. Wir haben es nicht so mit spontanen Intimitäten. Bei uns muss man sich ein »Du« hart erarbeiten. Die schwäbischen Familienanhänge, die ich bis dahin kennengelernt hatte, behandelten mich so wie die Stiftung Warentest ein neues Produkt. Das »Du« stand am Ende einer genauen Prüfung als Gütesiegel. Bei Kalli gab's das »Du« gleich bei der Lieferung frei Haus. Vom ersten Moment an war der Kalli der Kalli. Irgendwann

erschien auch die Mutter wieder und hatte eine Tiefkühltorte dabei, die ihr selbst verblüffend ähnelte. Auch
sie war klein, süß und schnell aufgetaut, denn Mutter
lachte beziehungsweise prustete quasi vom ersten Moment an los. Gerne grundlos. Die Gitti. Ja, genau. Kalli
und Gitti. Ein im Prinzip ideales Publikum für jemanden
wie mich, der sich beruflich mit Entertainment beschäftigt. Alles natürlich in Schwaben undenkbar. Das Lachen
sowieso, aber eben auch das Duzen und natürlich die
aufgetaute Torte. Nichts Selbstgebackenes anzubieten
wäre bei uns zu Hause eine essbare Kapitulationserklä-
rung gewesen oder ein klares Zeichen, dass niemand die
Beziehung ernst nahm. Meine Oma hätte zu so einem
Anlass ihren besten Kuchen gemacht und sich selbstverständlich trotzdem ausdauernd entschuldigt: »Ich weiß
gar nicht, ob's wirklich schmeckt, mir ist der Boden dies-
mal nicht so gelungen.« Ein Mann, der davon nicht mindestens drei Stücke gegessen und sie dabei nicht wenigstens viermal gelobt hätte, wäre als Schwiegersohn nicht
in Frage gekommen. Im Norden galten andere Gesetze.
Beziehungsweise offenbar keine, denn niemand wollte
etwas von mir wissen. Kein »was machst du«, »wie habt
ihr euch kennengelernt«, »was machen denn deine
Eltern«. Nichts. Stattdessen erzählte Kalli von seinem
Werkzeugkeller, wo er kürzlich aus vier verschiedenen
Sorten Laminat den Boden für den Flur so zusammenge-
bastelt hatte, dass diese Resteverwertung auch bei ge-
nauestem Hingucken niemandem mehr auffiele. Wir
mussten zum Beweis alle in den Flur, dessen Boden so
aussah, als hätte jemand ohne Talent und Erfahrung ver-
geblich versucht, aus vier Sorten Laminat einen Boden zu

basteln, dessen Reste-Herkunft niemandem auffällt. »Tipptopp, oder? Fällt doch gar nicht mehr auf?«, sagte Kalli und zeigte uns dann noch stolz den Kühlschrank, der dank einer Klebefolie, die er noch im Keller herumfliegen hatte, jetzt wieder aussah wie neu. Fand Kalli, unterlag dabei aber demselben Irrtum wie die älteren Damen, die nach drei Facelifts auch glauben, wieder auszusehen wie neu, während alle anderen denken, sie hätten versucht, einen Sturz vom Balkon mit dem Gesicht abzufedern. Mir fehlte eine Kuchengabel, aber ich konnte mich nicht überwinden zu sagen: »Kalli, kannst du mir mal 'ne Kuchengabel geben?« Dafür war ich zu unlocker. Im Gegensatz zu Mutter Gitti, die zwischen zwei Happen Tiefkühltorte verkündete: »Heute Abend feiern wir!« Und so geschah es. Bis zum Abend wurde die Zahl der Anwesenden kontinuierlich aufgestockt auf ein für die Größe der Wohnung beeindruckendes Ausmaß. Wer die anderen Gäste waren, blieb mir weitgehend unklar. Unter anderem kam auch mein potentieller Schwager, also der Bruder des Mannes, dem ich den Besuch hier zu verdanken hatte. Nur zeigte auch der wenig Interesse an mir, beschäftigte sich dafür aber umso intensiver mit einem iPod vor der Anlage, als eine Art Amateur-DJ. Was ihm an technischem Equipment fehlte, machte er durch Lautstärke wett. Er beschallte die komplette Wohnung, und die Wohnung über der Wohnung, und die Wohnung darüber, ja, vermutlich den kompletten Stadtteil. Der Vorteil dieser Lautstärke war, dass ich Kallis gesammelte Heimwerkerhighlights nicht mehr hören konnte. Ich hörte nämlich nur noch, was man mir unmittelbar ins Ohr brüllte. Mutter Gitti hatte beste Laune und legte eine

Art Discofox aufs krude Laminat. Anschließend ging sie zum Klebefolienkühlschrank und kam mit einer Flasche Ouzo wieder, die, genau wie die Torte, tiefgekühlt war. Es stellte sich heraus, dass Ouzo quasi *das* Getränk dieser Familie war, obwohl niemand erklären konnte, warum. Mit Griechenland hatte es jedenfalls nichts zu tun, da waren sich alle einig, denn dort war man bislang nicht gewesen. Aber Kallis Jogginghose hatte ja auch nichts mit Joggen zu tun, und die aufgetaute Schwarzwälder Kirschtorte nichts mit dem Schwarzwald, mit Kirschen oder mit Torte. Insofern passte alles wieder. Kalli und seine Kinder schrien sich über die Musik hinweg an, und für mich als stummem Beobachter blieb unklar, ob sie sich stritten oder bestens unterhielten. Gitti gelang es, einige gefrorene Klumpen Ouzo aus der Flasche zu brechen, anschließend übertönte sie problemlos die Musik mit der Forderung, ihr DJ-Sohn möge zügig ihr Lieblingslied von ihrem aktuellen Lieblingskünstler spielen. »Mamacita« von Mark Medlock.* Der Song wurde auch prompt gespielt, sie stürmte wieder auf die knappe Tanzfläche vor der Schrankwand und tanzte rauchend eine Art nordische Samba, bis zum zweiten Refrain, wo sie schlagartig aufhörte zu tanzen und anfing zu weinen. Die anderen reagierten gelassen und brüllten mir ins Ohr: »Alles gut! Wenn sie getrunken hat, wird sie melancholisch. Sie heult, weil sie so glücklich ist.« Es hatte sie kurzzeitig übermannt, dass alle ihre Lieben da

---

* Der Sieger der vierten Staffel von »Deutschland sucht den Superstar« und damals enorm erfolgreich. Der Song ist eine Art aufgetaute Ouzo-Version des Bacardi-Werbesongs, und insofern passte auch musikalisch alles…

waren, in ihrem Wohnzimmer, plus Mark Medlock. Eine Art vorgezogenes Weihnachtsfest mit anderer Musik, Ouzo statt Glühwein und Laminat in der Krippe, aber alles in allem eben doch sehr schön und gemütlich. Zwischenzeitlich hatte es ein paarmal an der Tür geklingelt. Es waren nicht die Heiligen Drei Könige, sondern die Nachbarn. Sie wollten sich aber nicht etwa wegen der mörderischen Lautstärke beschweren, sondern einfach nur mitfeiern. Kein Problem. All das passierte offensichtlich nicht zum ersten Mal. Im Verlauf des Abends wurde deutlich, dass Kalli nicht grundlos »I love Bier« auf seinem T-Shirt stehen hatte. Es bestand eine echte Liebesbeziehung zwischen Bier und ihm. Nach dem Liebesakt der beiden war er – immer noch in seiner blauen Jogginghose – auf dem Sofa eingeschlafen. Der Mann und ich unternahmen mehrere erfolglose Versuche, ihn zu wecken, während die Musik unvermindert weiterdröhnte und die Gäste die Party um den schlafenden Kalli herum am Leben hielten. Etwas später schreckte Kalli hoch, sagte mit Blick auf die Uhr: »Huch, da haben wir ja lange gemacht heute«, und ging ohne eine weiteres Wort ins Bett. Begrüßungen und Verabschiedungen waren in dieser Familie offenbar traditionell eher kurz. Für mich war der Abend, als ob der Mann und ich auf der Kirmes aus Spaß in einer Geisterbahn gelandet waren, wo er mittendrin sagte: »Übrigens wohne ich hier! Und du hast jederzeit freien Eintritt.« Faszinierend und verstörend zugleich. Nie hatte ich bis dahin etwas Vergleichbares erlebt. Und während ich, um Unauffälligkeit bemüht, mit meinem Ouzo in der Ecke stand, wurde mir klar, dass der Mann, wegen dem ich da war, dort herkam. Er war hier groß geworden. Ich dachte, wir werden zwanzig Jahre zusammen sein müssen, bis er mit mir genauso viel Zeit verbracht hat wie mit denen, die da weinten, tanzten, schliefen, brüllten und Ouzo tranken. Ich kannte mich damals schon ganz gut und konnte die meisten meiner Eigenschaften ziemlich präzise familiär zurückverfolgen. Es gab wenig Zweifel, was ich von der Mutter hatte, was vom Vater und was mir in meinem Verhalten aus der Großelterngeneration vererbt worden war. Wenn ich in dieser Hinsicht halbwegs repräsentativ war, dann war der Graben zwischen dem Mann und mir deutlich größer, als ich bislang gedacht hatte. Er wurde mir fremder, je mehr Bekannte von ihm ich kennenlernte. Ich will nicht sagen, dass dieser erste Abend mit seiner Familie den Grundstein des Scheiterns unserer Beziehung gelegt hat, aber fest steht, die zwanzig gemeinsamen Jahre haben wir nicht hinbekommen.

II

Seinen Namen hab ich schon häufiger eingebaut im Update. »Und, Katrin, bei dir so?« – »Och, ja, das Übliche, Arbeit, Arbeit, Arbeit, weißt du ja, und ich war Samstag mit Steffen bei dem neuen Spanier, der in der Altstadt aufgemacht hat.« – »Und? Wie isser so?« – »Ganz gut, bisschen teuer vielleicht.« – »Nee, nicht der Spanier, der Steffen.« Kleine Häppchen erzählen, wie bei einem Kino-Trailer. Auch da gibt's ja Ausschnitte, die neugierig machen sollen, damit das Publikum am Ende das ganze Ding sehen will. Ding, im Sinne von Film, beziehungsweise eben Mann und Publikum im Sinne von euch. Freundinnen.

Ihn kennt ihr noch nicht, mich kennt ihr bestens. Ihr seid mit mir durch Michael und Markus gegangen, durch Francesco und diesen blonden Irrtum aus München. Im Gegensatz zu denen seid ihr immer noch da. Ich hab euch schon verschiedentlich vollgeheult, noch öfter vollgequatscht, und dazwischen hab ich euch euphorisch mit Begeisterungen zugekippt. Wir haben Hoffnungen gehabt, Pläne gemacht, Fehler auch, tagelange, Nächte durch, seit Jahren. In wechselnden Wohnungen, in Kneipen, Cafés und der Mensa.

Nadja, nicht mal ein steinalter, tauber Priester in einem Beichtstuhl hätte besser zuhören können als du damals. Das Ende einer Liebe war der Anfang unserer Freundschaft. Ohne dich hätte ich in dem Sommer vermutlich sämtliche Studentenkneipen der Stadt ausgetrunken, die Semesterferien im Tiefkühlfach meines Kühlschranks bei den Pizzen verbracht oder unter der Bettdecke. Du dagegen hast einfach nur zugehört, lange, und dann eine Weile nichts gesagt und dann: »Wir hören jetzt mal auf zu heulen, wir fahren jetzt nach Istanbul!« Lange geplanter Studentenaustausch. Was sich in meinen liebesverkummerten Ohren völlig sinnlos anhörte. Ich dachte, ein herzleidendes Mädchen aus Schwaben wäre in Istanbul so schlecht aufgehoben wie ein Schweinebraten in Bagdad. Du hast mich trotzdem überredet und natürlich recht gehabt. Am türkischen Meer, mit türkischem Mokka und mit dir hab ich wieder angefangen zu lachen und nur noch ein ganz kleines bisschen geheult. Dieses Mal, weil es für ein paar Momente so schön war.

Seitdem hab ich an einigen anderen Meeren gesessen, mit Mokka, Espresso oder einem bescheuerten iced Frapucchino mit Karamellzeugs, und immer, jedes Mal, an dich gedacht.

Tessa, du hast sogar schon die erste ganz große Liebe mitgemacht. Weißt du noch? Wie ich damals dachte, das ist er, der Sechser im Liebeslotto? Mit Zusatzzahl. Einfach so aufgetaucht, in dem Laden, wo ich hinterm Tresen stand. Da kam er rein und sah aus. Wie der Sohn von Mona Lisa und Gott. Zwei Meter groß, dunkelhaarig und vor allem hochdeutsch. Wahnsinn! Der sah aus wie frisch aus dem Photoshop, lange bevor es Photoshop gab, *und* er lachte sogar noch an den richtigen Stellen in meinen Geschichten. Wo gab's denn so was? Noch aus dem Laden heraus hab ich dich angerufen, weißt du noch? Atemlos. Traummann gefunden, kein Witz, wenn du den auch sehen willst, musst du jetzt vorbeikommen. Ich dachte, sonst ist der am Ende eine Art männliche Marienerscheinung, ausgerechnet in meiner Kneipe, und keiner glaubt mir, dass es ihn wirklich leibhaftig gegeben hat. Du hast alles stehen- und liegenlassen und bist vorbeigekommen. Ich sehe noch dein Gesicht an der Kneipenscheibe, plattgedrückt. Ich mache unauffällig Zeichen auf den Traummann, und du klappst beide Daumen hoch. Lange bevor Deutschland den Superstar suchte, warst du meine Jury und hast einen Kandidaten, der nichts davon wusste, in den Recall gewunken. Du warst meine Anlaufstation nach meinem ersten Döner-Date mit Dreamboy, nach unserem ersten Geknutsche in seinem Auto und nach dem ersten Videoabend auf seiner Couch. So als wäre nichts echt und real, bevor ich es dir nicht erzählt hatte. Er hat dich kennengelernt und mochte dich nicht, da mochte ich ihn auch gleich weniger. Du warst misstrauisch, als wir uns kaum noch sahen, weil er immer nur zu Hause sein wollte, um Videos auf der Couch zu gucken. Du hast mir gedroht, die Freundschaft zu kündigen, wenn ich nicht wieder zur Vernunft käme, denn 37 Anrufe in Abwesenheit, nur weil wir uns einen Nachmittag lang ohne ihn trafen, das deute auf eine ziemlich große Schachtel lockerer Schrauben im Oberstübchen hin, hast du gesagt. So gut kann er gar nicht aussehen, um das in Kauf zu nehmen, hast du gesagt. Als er mich beim achtunddreißigsten Anruf anbrüllte, ich solle gefälligst nach Hause kommen, dachte ich, du könntest recht haben. Ich bin zu dir gekommen, direkt nachdem er darauf bestanden hatte, mich zu zukünftigen Verabredungen hinzubringen und abzuholen. Auch zu meinem neuen Praktikum. Hinbringen und abholen. Du hast gesagt, vergiss den. Jetzt ist er längst vergessen. Weißt du noch?

Ingo, du bist die mit Abstand männlichste meiner Freundinnen. Kann ich das so sagen? Du bist mein Spion in der anderen Mannschaft. Keiner kennt sich so gut mit Männern aus wie du. Und mit Computern, Autos, Grillen, Bier und Fußball. Du bist fast ein männliches Klischee, wenn es die andere Seite nicht auch gäbe. Keiner weiß besser, wann man mich in Ruhe lassen muss und wann nicht und wann ich noch ein Bier brauche und einen deiner selbstgemachten Burger und wann man mich besser nach Hause fährt. Alles erprobt. Du warst mein Krisenmanager, und umgekehrt kenne ich alle Teile der Ingo-&-Mirjam-Saga, von Teil eins »Das ist es!« über Teil zwei »Ist es das?«, Teil drei »Das war's!«, bis Teil vier »Das ist es wieder! Dieses Mal endgültig!!«.

Sina, wir sehen uns nicht mehr oft, aber wenn, ist es ohne Anlauf so wie früher. Ich erzähle dir und du mir. Ohne Filter, no nonsense. Die kleinen Geheimisse und die großen auch. Ein-, zweimal im Jahr die hinteren Ecken der Seele auslüften, da wo so selten das Licht hinkommt. Und jetzt also eine kleine Feier, Premiere für den Neuen. Alles kann schiefgehen, vielleicht seht ihr alle ja mehr, als ich sehe mit der rosa Brille. Vielleicht seht ihr anderes, Schlechteres. Vielleicht ist Steffen* so wie mein Auto, wo ihr alle, einstimmig, sagt, dass es nicht zu mir passt. Zu klobig, zu langweilig, zu unbunt. Ich hab das damals beim Kauf nicht so gesehen und mache mir zu wenig aus Autos, um deswegen ernsthaft ein neues haben zu wollen. Aus Männern mache ich mir mehr. Aus euch mach ich mir unendlich viel, wisst ihr das? Ich will nicht, dass ihr nachher sagt: »Das ist aber nicht dein Ernst? Den willst du nicht wirklich behalten, oder? In der Farbe?« Mein Auto ist schwarz, Steffen ist weiß, aber ich kenn euch doch, wenn die Feier öde ist, lästert ihr grundlos los, nur damit was los ist. Hui, ich bin nervös. Wir sind alle älter geworden, verletzlicher. Die Letzte, die einen Neuen mit in die Runde brachte, war Lea. Während ihre Augen glücklich funkelten wie ein Swarovski-Showroom, ergab unser erstes konspiratives Lästern auf dem Balkon, dass wir ihn alle furchtbar fanden. Und jetzt? Abwarten, bis sie fragt. Abwarten, wann sie fragt und vor allem wen. »Du kennst sie länger.« – »Aber du kennst sie besser.« – »Du

---

* Aus nachvollziehbaren Gründen möchte Ryan Gosling hier nicht unter seinem richtigen Namen auftauchen. Deswegen »Steffen«. Bitte fragen Sie nicht weiter nach. Auch bei ihm nicht. Danke!

kennst sie kaum, dir nimmt sie's vielleicht am wenigsten übel!« Diplomatische Bemühungen im Hintergrund der Feier, während vorne ein paar von uns zur Ablenkung Alkohol verteilten und Eiersalat. Wir eierten um Lea herum, als sei ihr Typ aus Sprengstoff und sie aus Porzellan. Und Lea gehört noch nicht mal wirklich zum inneren Kreis. Ich schon. Ich kenne euch alle, ich durchschaue sofort, wenn auch die zum Rauchen rausgehen, die seit Jahren nicht mehr rauchen. Ich sehe die Blicke hinter meinem Rücken auch hinter meinem Rücken. Was ist, wenn ich heute Lea bin? Vielleicht gehen wir einfach nicht zu dieser Feier. Vielleicht bekomme ich eine Spontangrippe. Hohes Fieber als Schutz vor tiefer Enttäuschung. Er fragt nach, ob er etwas mitbringen soll. Er wirkt ganz ruhig und locker. Ein Lamm, das frohgemut in den Lkw einsteigt, weil es denkt, es macht einen Ausflug. Keiner hat ihm gesagt, dass es zum Schlachthof geht. Es ist so ungerecht, wir kennen uns alle seit Ewigkeiten, und er ist ganz neu. Er wird vor euch stehen wie ein Tourist vor den Steinen von Stonehenge, wissend, dass sie lange vor ihm da waren und lange nach ihm noch da sein werden. Ich verwerfe die Grippe trotzdem wieder. Es nützt ja nichts.

Dann stehen wir um den Grill, plappernd, während ich in – nur für mich sichtbaren – Untertiteln den Subtext mitlese. Sina lacht, ihr richtiges, echtes Lachen über etwas, das er gesagt hat, und für den Bruchteil einer Sekunde sieht sie rüber zu mir und nickt, nur mit den Augen. Ingo macht ihm ungefragt einen zweiten Burger, was ein fleischgewordenes Kompliment ist und bedeutet, dass Steffen vorher etwas Richtiges über Fußball gesagt haben muss. Tessa grinst. Anzüglich. Ein gutes Zeichen, und Nadja sagt, sie freut sich, dass ich so glücklich aussehe. Es ist der Moment, in dem die Abendsonne rauskommt und ein goldenes Licht über uns alle wirft, während aus den Boxen im Garten die Songs kommen, die wir immer gehört haben, als wir vor ein paar Jahren zusammen in Schottland waren. Alle, bis auf Ingo, damals noch mit anderen Partnern. Wie seltsam manchmal das Leben ist. Wie froh ich bin, dass ich euch alle habe. Wie ewig ich hier jetzt stehen bleiben könnte.

Die Liebe
und die Jugend

Jungsein ist eine Frechheit. Gegenüber denen, die es mal waren und es jetzt nicht mehr sind. Ich zum Beispiel. Ich weiß nicht, was das soll, mich zu einer Party einzuladen, bei der die meisten anderen Gäste viel jünger sind als ich. Es geht doch um Spaß auf einer Party, und mir ist nicht klar, wo der unter diesen Umständen herkommen soll. Ja, es ist ein Kindergeburtstag, ich weiß, trotzdem. Ich kapier eh nicht, was ich hier soll, ich bin heute die einzige ohne Kind. Das ist, wie unverkleidet auf eine Mottoparty zu kommen. Man selbst ist ganz normal, alle anderen sind komisch. Mirjam ist seit fast fünfzehn Jahren meine Freundin, aber seit circa fünf Jahren hat sie den Finn. Nee, warte, nicht circa. Auf den Tag genau seit fünf Jahren hat sie den. Deswegen ist ja die Feier, da steht's ja auch auf dem Kuchen: 5! In diesen fünf Jahren hat sich der Kerl so in unsere Freundschaft gewanzt, dass es zwischen uns jetzt manchmal echt schwierig ist. Weil sie nur über ihn redet und er einfach gar nichts alleine hinkriegt! Sich zum Beispiel mal selbst was aus'm Kühlschrank holen? Nicht dran zu denken, bei dem feinen Herrn! Ich dagegen kann

das, und ich mache das jetzt auch! Ich hole mir was aus
dem Kühlschrank. Noch einen Aperol nämlich. Beziehungsweise den Spritz dazu, also den Prosecco. Ich bin
eigentlich gegen Modegetränke, aber Mirjam hat sonst
nur alkoholfreie Sachen gekauft, und dass ich das hier
heute nüchtern durchstehe, kann ich mir nicht vorstellen.
Es ist in letzter Zeit schlimmer geworden mit mir und
jüngeren Leuten. Ich hab neulich einen Mann kennengelernt, sehr nett, aber eben jünger. Ein bisschen hipsteresk
zugewachsen im Gesicht, aber sonst, wie gesagt, sehr nett.
Tätowiert, aber nicht dramatisch, nicht so einer, bei dem
die Arme aussehen wie die Klowände im Hauptbahnhof,
und keiner von denen, die sich diese Dichtungsringe in
die Ohrläppchen fräsen, wozu sie sich Zwei-Euro-Stück
große Löcher da reinstanzen. So was verstehe ich nicht.
So weit ist es schon. Es gibt jetzt Schmuck, den ich nicht
verstehe! Ich bin altmodisch und finde, dass Schmuck uns
verschönern sollte. Der junge Mann war Gott sei Dank
auch eher klassisch. Er hat mir sogar die Tür aufgehalten.
Komisches Bier hat er allerdings getrunken. Craftbier,
das nach Schinken schmeckt. Gut, meinetwegen, dachte
ich, man muss ja offen bleiben. Sagen alle, sonst vergreist
man zügig. Also Schinkenbier. Auch nach dem zweiten
Glas nicht mein Ding, dafür sah der Mann danach wirklich lecker aus. Null Prozent Körperfett, soweit ich das
durch das Shirt beurteilen konnte. Und schlagfertig wie
Sahne. Regelrecht lustig. Und vielseitig interessiert. Wir
reden über Amerika, Trump und Terrorismus, so die
leichten, romantischen Themen zum Reinkommen. Ich
frage ihn beiläufig, wo er war, damals am 11. September, und er sagt: »In der Schule. Zweite Klasse oder so.«

Ich bin schlagartig nüchtern und enterotisiert. Klar ist: Ich kann mich nicht sexuell mit jemandem einlassen, der am 11. September noch Malbücher ausgemalt hat. Ich bin sogar kurz davor, ihm das Schinkenbier wieder wegzunehmen, weil ich denke, er darf so hartes Zeug ja noch gar nicht trinken! Gott! Menschen, die in der zweiten Klasse waren, als die Türme fielen, dürfen doch noch keinen Sex haben! Wie schnell dreht sich die Erde denn? Wie alt bin ich eigentlich? Aber ich weiß: Erwachsene sind jetzt in meinem Alter. So sieht's aus! So weit ist es gekommen! Ich kann mich nicht daran gewöhnen. In meinem Kopf war ich bis eben noch quasi gleich alt mit ihm, und jetzt könnte ich seine Mutter sein! In einem Moment vom Babe zur MILF*. Nur, dass ich eben noch nicht mal Kinder habe. Ein schlimmer Abend war das!

Aber nichts im Vergleich zu hier und heute, denn die Jungs hier sind alle noch jünger. Größtenteils fünf. Einer kommt gerade auf mich zu und hat ein Schwert in der Hand. Kinder sind für mich wie Asiaten, ich kann sie schlecht auseinanderhalten. Ich glaube, das ist Luca, und er gehört zu irgendeiner von Mirjams neuen Freundinnen, die sie alle erst hat, seit sie Finn hat. Luca will mich erobern, aber im unguten Sinne. Eher so wie Putin die Krim. Er schlägt mir mit dem Schwert auf den Hintern. Ähnlich wie Putin ist auch Luca nicht offen für Argumente. Ich versuche es trotzdem. Er soll das lassen, sag ich ihm, schlagen ist unhöflich. Er schlägt mir als Ant-

---

* Wenn Sie nicht wissen, was das ist, haben Sie keinen Kontakt zur Jugend. Oder kein Internet. Oder Sie gehören zu denen, die als Erwachsene Malbücher ausmalen. Ich kann Ihnen dann jetzt auf die Schnelle nicht helfen.

wort noch mal mit dem Schwert auf den Hintern, nur dieses Mal fester. Diese neumodische Babynahrung führt dazu, dass Fünfjährige heute schon echte Kräfte haben! Es tut richtig weh, und ich verschütte den Aperol. Es gibt nur eine Sprache, die Luca und Putin verstehen. Härte. Ich nehme ihm also das Schwert weg. Er ist erst verblüfft, dann sauer und will schließlich sein Schwert zurück. Ich sage ihm, dass Piraten keine berufliche Perspektive in Deutschland haben. Er soll lieber Start-up spielen oder Altenpfleger. Kapiert er natürlich nicht. Kinder haben oft erstaunlich wenig Humor. Stattdessen tritt er mir erst mit Anlauf vors Schienbein, und als er so sein Schwert auch nicht wiederkriegt, heult er. Ich verknicke zur Strafe sein Schwert, kippe mir in Ruhe noch Prosecco nach und sage ihm, dass Heulen keine angemessene Reaktion für einen Piraten ist. Schließlich haben die ja einen Totenkopf auf der Fahne und kein Tempotuch. Kapiert er auch nicht. Er heult weiter, nur lauter. Seine Mutter taucht auf und fragt, was los ist. Es stellt sich heraus, dass Luca eigentlich Oskar heißt und gerade eine Phase hat, in der er »sich ausprobiert«. Das mit dem Schwert gehört anscheinend irgendwie dazu, hat die Kinderpsychologin gesagt, sagt Oskars Mutter. Meine Generation ist die letzte, in der Kinder noch nichts Besonderes waren. Wir waren da, so selbstverständlich wie Sonne, Mond und Sterne. Wir wurden irgendwie erzogen, ohne Ratgeber, Kinderpsychologen und Bohei. Wir hatten nicht mal Kindersitze. An meinen Kindergeburtstagen wurden natürlich auch nicht die Freunde meiner Eltern eingeladen. Wir hatten keine Phasen und keine Schwerter. Aber die damaligen Kinder sind ja heute Eltern und machen alles anders. Ich nenne Oskar noch zweimal Luca, und außerdem nenne ich ihn schlecht erzogen. Seine Mutter sagt, dass ich offenbar keine Kinder mag. Ich sage, dass das nicht stimmt, ich mag nur ihres nicht. Und das wird man ja wohl noch sagen dürfen, das muss möglich sein. Kinder sind Menschen, so heißt es doch immer, und man mag eben nicht alle Menschen, egal ob sie fünf sind oder fünfzig.

Mirjam kommt dazu, in diplomatischer Mission, die darin besteht, den Mini-Putin und mich mit Schokolade beziehungsweise Aperol ruhigzustellen und sich bei der Mutter einzuschleimen mit dem Hinweis auf meine biologische Uhr, die offenbar nachgehe. Früher oder später werde ich dann aber schon auch beim Mütterclub mitmachen, sagt sie, und dann werde ich ganz anders denken über Kinder, Schwerter und Piraten. Ich glaube das nicht. Nach meiner Erfahrung wird die biologische Uhr ratzfatz wieder zu einer ganz normalen Uhr. Eine, auf die man nachts um drei guckt, wenn Luca Oskar Putin nach Futter schreit, oder eine, die halb sieben morgens zeigt, wenn er ausgeschlafen hat und bespaßt werden will, oder halb zehn abends, wenn das Kind endlich eingeschlafen ist und jetzt die Zeit anfängt, die man für »sich selbst« hat beziehungsweise für die Steuererklärung, die Waschmaschine oder die 624 unbeantworteten Mails der letzten Tage. Die biologische Uhr ist in meinen Augen so was wie eine Rolex, die man günstig bei einem Juwelier in Griechenland kauft und denkt, man hat ein echtes Schnäppchen gemacht, nur um kurz danach festzustellen, dass man von dem Ding komische Pusteln bekommt, sie nie die richtige Zeit zeigt und man insgesamt massiv über den Tisch gezogen wurde. Die Wahrheit ist, dass ich mich noch nie so recht für Kinder interessiert habe. Schon mit sechs fand ich Fünfjährige uninteressant, und das hat sich in den letzten knapp dreißig Jahren nicht geändert. Es ist sogar noch schlimmer: Ich habe regelrecht Angst vor Kindern. Angst, dass sie mich seltsam finden, merkwürdig, uncool. Kinder sind wie Hunde oder Versicherungsvertreter, sie riechen es, wenn jemand Angst hat und unsicher ist. Außerdem sind Kinder unfassbar undiplomatisch, um es mal diplomatisch auszudrücken. Sie sagen einfach, was sie denken, und das ist in meinem Fall oft: »Warum hat die Frau so eine tiefe Stimme?«, wahlweise auch: »Warum hat der Onkel so viele Haare?« Überhaupt haben Kinder ständig Fragen. Sie wollen wissen, wieso der Himmel blau ist, das Meer salzig oder die großen Schiffe nicht untergehen. »Guck doch bei Wikipedia!«, ist eine blöde Antwort darauf, das ist mir schon klar. Aber ich weiß es doch selbst nicht! Keine Ahnung, warum es im Rhein Süßwasser gibt, was dann ins Meer fließt und zu Salzwasser wird. Die Schule ist bei mir lange her, und da hatten wir so was eh nicht. Wir hatten bloß Englisch und das Dritte Reich. Das Allerschlimmste ist, dass ich mich eigentlich den Kindern viel näher fühle als den Erwachsenen. Ich denke immer: »Leute, ich bin doch eine von euch, nur älter!« Ich verstehe nie, warum man zum Beispiel in meinem Alter nicht mehr hüpfen kann. Es sei denn, man trägt Nike-Funktionsklamotten auf einem Sportplatz. Aber einfach mal munter aus dem Büro zum Auto hüpfen, oder vom Bäcker zum Metzger? Wird kritisch beäugt. Ich denke immer noch bei jeder Pfütze: Platsch!!! Mit beiden Füßen!!! Ich will immer noch mit Karacho im Herbst durch Laubhaufen, aber ich weiß schon, wie die anderen, die richtigen Erwachsenen, dann gucken. Als hätte ich ein paar Aperol zu viel gehabt. Erwachsensein heißt, dass man morgens vor dem Kleiderschrank steht und sich ein Outfit aussucht, das wirklich passend für den Tag ist. Einen Pulli, wenn's kalt ist, zum Beispiel. Ich dagegen suche meine Klamotten immer noch so aus wie früher das Outfit für eine Barbie. Das kann leicht, luftig und bunt sein, auch wenn der Wetterbericht von Blitzeis redet. Apropos Eis, ich brauch noch welches, dieses Aperolzeug verdunstet ja schneller als Dings… Upps, ich muss ein kleines bisschen aufpassen mit dem Trinken… Im Wohnzimmer spielen jetzt alle Verstecken. Also alle. Auch die Erwachsenen. Das hätte es früher auch nicht gegeben, dass die Kurzen es nicht gebacken kriegen, ohne Animateure einen Kindergeburtstag zu feiern. Das finde ich zum Beispiel nicht kindlich, sondern kindisch. Da mache ich nicht mit. Dafür hab ich definitiv immer noch einen Aperol zu wenig. Den hol ich mir jetzt. Am Kühlschrank steht Finn. Er holt sich tatsächlich selbst eine Limo. Eine Weltpremiere, ausgerechnet jetzt! Er guckt mich an, ich gucke ihn an und sage dann, »na, wie geht's?«, was so ziemlich die dümmste Frage ist, die man einem Fünfjährigen stellen kann. Das ist ja das Gute am Kindsein, dass man sich nicht die ganze Zeit fragt, wie das eigene Leben ist, und entsprechend keine Ahnung hat, ob es einem jetzt gutgeht, schlecht oder mittel. Deswegen sagt er nichts, und ich sage, »verstehe, ich auch«, was unsere kleine Begegnung noch seltsamer macht. Wir trinken beide still und ernst nebeneinander. Ich suche krampfhaft nach Themen, über die ich mit Finn reden kann. Wetter? Fußball? Mädchen? Das letzte Mal, als wir uns sahen, hatte er gerade ein Fahrrad bekommen und war damit problemlos losgeflitzt, ohne Stützräder, ohne alles, was ich ziemlich bemerkenswert fand. Als ich die Stille zwischen uns nicht mehr gut aushalte, frage ich deswegen:»Na, fährst du immer noch so gerne Fahrrad?« und merke, dass diese Frage»wie geht's?«auf der Skala der nicht kindgerechten Konversationsanfänge locker von Platz eins auf Platz zwei verdrängt. Finn sieht mich an und versucht, auch diese Frage zu verstehen oder herauszufinden, was mit Tante Katrin jetzt schon wieder nicht stimmt. Mir ist es etwas unangenehm, dass ich merke, wie die diversen Aperol Spritz aufs Sprachzentrum drücken. Finn stellt sehr erwachsen seine Limo ab, streicht mir über den Kopf und sagt ganz ruhig:»Es ist alles in Ordnung.« Und dann, ich schwöre, singt aus dem Wohnzimmer Whitney Houston, sie glaubt, dass Kinder unsere Zukunft sind und dass ihr Lachen uns daran erinnern soll, wie wir früher waren, und dass sie niemanden gefunden hat, zu dem sie aufschauen konnte, deshalb verlässt sie sich nur noch auf sich selbst, weswegen die größte Liebe die ist, sich selbst zu lieben. Und Finn mit seinen fünf Jahren scheint das verstanden zu haben. Definitiv ist er hier, jetzt der Erwachsene von uns.»Es ist alles in Ordnung.« The greatest love of all. Ich lasse den letzten Aperol ungetrunken stehen und gehe mit Finn ins Wohnzimmer.

Die Liebe
und wie man sie zeigt

Die Deutschen haben die Ordnung erfunden, die Büro-
kratie, die Marschmusik auch, das Kurze, Knappe, das
Zack, zack. Schnörkeln sollen die anderen. Die Österrei-
cher, die Franzosen, die ganzen Südländer, die, wenn sie
um neun anfangen sollen, um zwölf kommen und dann
erst mal Mittag machen. Deswegen sind wir Export- und
Fußballweltmeister, und die Griechen sind pleite. Ich
stehe an einer kleinen Imbissbude und habe ein Wasser
bestellt und eine Pizzaschnitte, die noch aufgewärmt werden muss. In der Zeit fragt die Verkäuferin den Mann
hinter mir in der Schlange: »Und was hätten Sie gerne?«
Die Verkäuferin kommt erkenn- und hörbar aus einem
der Schnörkelländer, deswegen lächelt sie bei der Frage.
Der Mann kommt erkenn- und hörbar aus Deutschland,
deswegen lächelt er nicht und sagt nur: »Bockwurst.« Es
sind bei ihm mit Mühe und Not zwei Silben. Noch eine
mehr wären vermutlich Überstunden, und die kriegt er
nicht bezahlt. Die Verkäuferin bleibt unbeirrbar südlän-
disch und singt: »Brötchen dazu vielleicht?« Er bleibt
eisenhart deutsch und sagt noch mal: »Bockwurst.« Sie

legt nach mit:»Und wollen Sie auch mit Senf?« Er kontert das leicht kopfschüttelnd mit einem erneuten:»Bockwurst!«, denn triple gemoppelt hält besser. Er ist nicht so viel älter als ich, trägt Anzughose, weißes Hemd und eine von diesen unauffälligen Brillen, die genauso randlos sind wie der ganze Mann. Er guckt jetzt schon wieder wichtig in sein wichtiges Smartphone. Er hat hier ja alles erledigt, er ist seine Botschaft losgeworden.»Bockwurst!« Es braucht einen Moment, dann denke ich, dass das nun wirklich das Deutscheste ist, was ich je erlebt habe. Kein hallo, bitte, danke, einfach hart rein und»Bockwurst«. Ohne Firlefanz, Schnickschnack und Gedöns. Und während seine Wurst und meine Pizzaschnitte nebeneinander warm werden, stelle ich mir vor, wie der wohl flirtet, wie er liebt, womit er einer Frau irgendwann mal imponiert haben könnte, denn immerhin trägt er einen Ring am Ringfinger. Wie ist das, wenn er nach Hause kommt, die randlose Brille abnimmt und zu ihr sagt:»Schatz, ich bin satt, ich hatte Bockwurst!« Er sagt bestimmt»Schatz«, denn das ist kurz und reimt sich auf ratz und fatz. Vielleicht nennt er sie auch beim Namen.»Angelika, mach dir keine Umstände, ich hab gegessen!« Denkt sie dann:»Ach je, der Ingo! Mein Ingo, gut, dass er wieder da ist! Hoffentlich kommt er noch viele Jahre lang zu mir nach Hause! Ich kann mir ein Leben ohne ihn einfach nicht vorstellen!«? Er hat bestimmt so einen Ingo-Namen. Sagt er»ich liebe dich« genauso, wie er»Bockwurst« sagt? Im Bett, als amtliche Feststellung. Ich liebe dich, beglaubigt und gezeichnet, Ingo. Oder gibt's da unter der randlosen Zackigkeit noch einen weichen Kern, den nur Angelika zu sehen kriegt? Ich hab das manchmal, in der Bahn, im Flieger, auf der Rolltreppe, wenn man für ein paar Momente in andere Leben guckt. Dann stell ich mir vor, wie das ist, bei denen zu Hause, wenn sie allein sind, oder wie das war, als sie mal glücklich waren. Wenig später steh ich mit meiner Pizzaschnitte neben Bockwurst-Ingo und sehe auf dem Screensaver seines Handys zwei Kinder. Beide haben lustige, bunte, viel zu große Brillen auf und lachen. Er wischt sie weg und liest Tabellen. Bockwurst-Ingo ist Papa. Für zwei kleine Menschen. Die nächste Generation deutscher Herzlichkeitsverweigerer. »Ich liebe dich« sind nur zwei Silben mehr als »Bockwurst«, aber so viel schwieriger zu sagen.

Ich komme auch aus so einer Familie. Meine Erziehungsberechtigten haben sich mit Liebesäußerungen immer schwergetan. Elternliebe reimte ich mir als Kind zusammen aus Gurkenscheiben und geschnitzten Apfelstückchen in der Pausenbrotdose, aus dem Geruch von Waschmittel und den Schultern, auf denen ich beim Wandern getragen wurde, wenn ich müde war. Für meine Oma äußert sich Liebe bis heute in Schimpfen. Wie ein Computer, der den Benutzer auch nie lobt, sondern sich nur mit einer Fehlermeldung bemerkbar macht, sobald etwas nicht stimmt. Oma-Liebe besteht aus diesen Fehlermeldungen. Man ist zu spät heimgekommen, hat zu viel geraucht, zu dünne Strümpfe getragen für das Wetter da draußen und das Falsche gegessen. Überhaupt Essen. Essen ist Liebe. Sie kocht jedem, den sie liebt, sein Lieblingsgericht. Für einen meiner Cousins macht sie Kartoffelbrei, für den anderen Spätzle, für meine Mutter einen Zwetschgen- und für mich Apfelkuchen. Ein ganzes Blech weltbester Apfelkuchen, ganz für mich allein. Das ist ihr

»Ich liebe dich«. Meins ist es, vier Stücke davon zu essen. Meine Oma würde den Nahostkonflikt mit Kuchen und Spätzle lösen. Sie hat sich noch nie nach einem Streit entschuldigt, sondern fragt stattdessen: »Bist du zum Essen da?« Ich habe sie auch noch nie zu jemandem sagen hören: »Ich mag dich« oder »ich habe dich gern«. Für meinen Vater ist Liebe ein Botengang. Zeitlicher Aufwand, den man speziell für ihn betreibt. »Kommst du an der Post vorbei? Nein? Schade, ich hab da nämlich ein Päckchen, was noch wegmuss …« Das ist der Liebestestballon. Man muss jetzt sagen: »Ja, kein Problem, dann fahr ich bei der Post vorbei!«, auch wenn es unpraktisch ist, Zeit kostet und einem den letzten Nerv raubt. Denn umgekehrt würde er das auch tun. Nachts um drei könnte ich ihn anrufen, wenn mir irgendwo in der Pampa betrunken die Autoschlüssel in den Gully gefallen sind. Papa wäre sofort auf dem Weg in die Pampa. Er besteht darauf, einem bei Bedarf einen USB-Stick zu besorgen, obwohl man womöglich neben einem Elektronik-Fachmarkt wohnt, er kommt von weit her und holt einen ab, auch wenn ein Taxi vielleicht nur zehn Euro kosten würde. »Ich liebe dich«, sagt er dagegen fast nie. Während Bockwurst-Ingo neben mir akribisch kaut, denke ich, wie wir in der Familie alle diese Liebesscharaden absolvieren, Gesten, bei denen der andere erraten muss, was eigentlich gemeint ist. Ich nehme mir vor, das zu ändern. Jetzt sofort. Einer muss ja mal anfangen, in diesem ewig bockigen Bockwurstland! Warum nicht ich? Ich rufe meinen Vater an. »Papa, ich bin's.« – »Mädle, um diese Zeit? Ist was los?« – »Nee, Papa ich wollt dir nur sagen, dass ich dich liebhab!« – »Ah, also ist doch was los. Wo drückt der Schuh? Soll ich dich irgendwo abholen?« – »Nee, Papa, es ist alles in Ordnung, aber vorhin hat ein Mann eine Bockwurst bestellt, und da hab ich gedacht, dass wir uns bei uns in der Familie nie sagen, dass wir uns liebhaben, und das wollte ich jetzt ändern.« – »Eine Bockwurst?« – »Ja, aber das ist nicht so wichtig…« – »Da hätt ich jetzt auch Lust drauf … So mit Senf und Brötchen?« – »Papa.« – »Ja?« – »Hast du gehört, was ich gesagt hab?« – »Ja, sicher… ist wirklich alles in Ordnung?« – »Ja.« – »… weil ich hol dich ab, das macht mir nix aus…« – »Nee.« – »Ja, gut, dann, ich muss hier mal weitermachen…« Wir legen auf, Ingo ist durch mit der Wurst. Er sieht rüber, er hat das Gespräch ziemlich sicher mitgehört, lässt sich aber nichts anmerken. Er hat jetzt auch einen Einblick in mein Leben.

Aber ich bin mitunter stur. Man ändert die Bockwurstmentalität nicht in fünf Minuten, und wenn der direkte Weg noch zu schwierig ist, muss man Umwege gehen. Am nächsten Tag buche ich für meinen Vater und mich einen Tandemgleitschirmflug im Allgäu. Ich weiß, dass er so was immer mal machen wollte, sich alleine aber nie dazu durchringen würde. Zu teuer, zu unnütz, zu aufwendig. Deswegen bekommt er das jetzt von mir als vorträgliches Geburtstagsgeschenk. Ausreden werden nicht akzeptiert, kein »keine Zeit«, kein »ich bin doch schon viel zu alt für so was«. Papa und ich, am Gleitschirm, Zeit zu zweit, sinnlos über Berge schweben, ein geflogenes »Ich hab dich lieb«. Das ist der Plan. Und kaum vier Monate später kriegen wir das hin. Ein Frühsommertag, die Sonne übt noch, aber fürs Allgäu sind keine Stürme angesagt, keine Unwetter, sondern bestes Gleitschirmwetter. Wir beide im Himmel. Wir müssen nur noch hin. Von zu Hause ist das Allgäu in zwei Stunden zu erreichen. Zwei Stunden, Papa-Tochter-Auto, ohne dass was organisiert werden muss, ohne Termine im Nacken, ohne unsere jeweiligen Alltage. Im Radio läuft Musik. Die falsche Musik, für meinen Vater, »früher hatten wir noch richtige Bands ...« Die aktuelle Politik ist ein ähnlich schlechtes Thema, die Flüchtlinge, die Merkel, der Seehofer und »bei uns in der Stadt ... ich sag ja schon seit Jahren«, sagt er. Ich fahre, und er sitzt neben mir auf dem Beifahrersitz. Kindersitz. Grau ist er geworden. Fast ist es, als würde ich ihn jetzt auf den Schultern tragen, weil er zu müde ist. Mein Vater. Lange nicht gesehen, wirklich gesehen. Noch immer die Augen von früher, die kleinen Marotten. Was er mit den Händen macht beim Reden. Ich hab Proviant mitgebracht für die Fahrt, nur ohne geschnitzte Apfelstückchen. Alles wie damals, nur jetzt umgekehrt. Jetzt pass ich auf uns auf. Es fährt so viel Vergangenheit mit in diesem Auto, so viel Ungesagtes. Deswegen redet er so viel. Papa ist nervös. Er weiß nicht, was er sagen soll, deswegen nörgelt er an meinem Outfit. Das sieht scheiße aus, findet er. Ich finde, dass weder ihn plötzlich jemand zum Guido Maria Kretschmer befördert hat noch mich zur Shopping Queen. Ich bin vielleicht auch nervös. Wir schaukeln uns hoch, so schnell, wie das nur Menschen können, die sich gut kennen. Die weichen Stellen, die dunklen Punkte, die Verletzlichkeiten. Als wir ankommen im Allgäu, ist die Stimmung deutlich unter Zimmertemperatur. Das Wetter auch. Der Drachengleitflugmann, bei dem ich unsere Flüge gebucht habe, ist aber optimistisch. »Das wird schon noch. In ein, zwei Stunden reißt es wieder auf, und dann, wartet's nur ab, wird es noch ein herrlicher Tag.« Sein Wort in Gottes Ohr. Aktuell heißt das: Noch mal zwei Stunden nur Papa und ich. Vielleicht war das alles keine gute Idee. Wir gehen was essen. Papa will Schnitzel. Ich nicht. Papa will Schnitzel und nicht diskutieren. Wir essen Schnitzel. Papa fragt die Kellnerin, wie sie mein Outfit findet, er fänd es nämlich scheiße. Sie enthält sich der Stimme, und Papa sagt:»Siehste, die findet es auch scheiße!« Ich zahle die Schnitzel und hasse Bockwurst-Ingo, der mir die ganze Sache hier überhaupt erst eingebrockt hat. Der Drachengleitflugmann scheint vom Wetter gar keine Ahnung zu haben, denn die dunklen Wolken werden, entgegen seiner Prognose, noch dunkler. Papa hat keine Lust mehr. Er will wieder heim. Ich rechne ihm vor, was die Drachenflüge kosten, er rechnet mir vor, was er für das Geld alles zu Hause hätte machen können. Er, nicht wir, dabei ist es mein Geld. Mir fallen alle Situationen ein, in denen ich damals überlegt habe, ob es für eine Vierzehnjährige mildernde Umstände gibt, wenn sie ihren Vater die Kellertreppe runterstürzt oder ihm Frostschutzmittel ins Müsli rührt. Ich bin gekommen, um ihm zu sagen, dass ich ihn liebhabe, und sage ihm jetzt, wie sehr ich ihn mal gehasst habe. Er nimmt sich ein Taxi zum Bahnhof. Mit dem Zug dauert die Rückfahrt vier Stunden, aber der Tag ist eh schon gelaufen, sagt er. Ich halte ihn nicht auf. Der Drachenmann hatte doch recht. Sobald mein Vater weg ist, reißt der Himmel auf, und die Sonne kommt raus. Ich fliege allein. Von oben sieht die Welt wie immer anders aus. Von hier aus müsste das doch eigentlich hinzukriegen sein mit der

Liebe. Als ich wieder gelandet bin, schicke ich meinem Vater eine SMS: »Es tut mir leid.« An dem Tag schreibt er nicht zurück.

Die Liebe
und die Romantik

I

Der Weg ins Herz eines Mädchens muss beleuchtet sein. Von möglichst vielen Kerzen, während im Hintergrund jemand leise Gitarre spielt und dabei das Meer rauscht. Das ist in etwa die klassische Vorstellung von Romantik. Diese Art von Romantik ist mir recht früh kaputtgegangen, knapp nach dem Einsetzen der Pubertät. Da stellte ich eine Duftkerze in mein Regal und wunderte mich, warum es nach einiger Zeit in meinem Zimmer nicht nach Vanille roch, sondern nach Chemieunfall. Das Regal bestand aus lackiertem Holzimitat, die Flamme der Kerze aus echtem Feuer. Das Ergebnis war entsprechender Gestank, der mich gerade noch rechtzeitig alarmierte, bevor ich mein Elternhaus abfackelte. Der Schreck darüber saß tief und verdrängte jeden Gedanken an Romantik, sobald jemand eine Kerze anzündete. Seither denke ich dabei eher an Feuerwehr und Haftpflichtversicherung als an Liebe.

Baden-Württemberg hatte auch in meiner Jugend schon keinen direkten Zugang zum Meer. Wasserrauschen kam hier also höchstens von der Klospülung und fiel deswegen als romantischer Background auch aus. Musikalisch war diese Zeit bei mir geprägt vom Jugendorchester. Dort spielte man Tuba, Flöte oder Pauke, also Instrumente, mit denen sich Romantik ähnlich schwer herstellen lässt wie mit Stinkbomben. Wir hatten ja nichts, damals. Ich musste mir also meine Romantik selbst erfinden. Dafür wählte ich – unbewusst – einen ähnlichen Weg wie eine der großen Liebenden der Weltliteratur: Julia Capulet. Genau wie Shakespeares Heldin war ich 14.[*] Mein Romeo war groß, schlaksig und blond, hieß aber bloß Markus[**]. Wie gesagt, wir hatten ja nichts, damals. Ich war direkt verliebt, weil man das mit 14 eben so macht und weil Markus cool war. Das schloss ich aus der Tatsache, dass er rauchte. Ich rauchte nicht, jedenfalls nicht richtig. Gemeinsam mit meiner Kusine hatte ich zwar schon mal heimlich eine *Reval* aus dem Vorratsschrank meiner Eltern stibitzt, und wir hatten auf dem Spielplatz aufgeregt dran gezogen. Das Ergebnis war allerdings, dass ich eine Viertelstunde lang hustend im Sand lag und dachte, mein Ende sei gekommen. Damals gab es noch keine Warnhinweise auf den Packungen, aber ich hatte natürlich schon davon gehört, dass Rauchen

---

[*] Ja, ja, so steht's da. Und der original Romeo ist auch nicht viel älter. Andere Zeiten damals. Die Kinderehe hatte noch nicht so einen schlechten Ruf wie heute. Die Leute wurden damals im Schnitt nur knappe Ende 30, da musste man sich ranhalten. Aus dieser Zeit stammt auch noch das »bis dass der Tod uns scheidet«, was man angesichts dieser Lebenserwartung natürlich auch deutlich leichter versprechen konnte als heute.

[**] Der Einfachheit halber und völlig willkürlich heißen übrigens alle meine Exfreunde in diesem Buch Markus.

tödlich sein konnte. Mir war allerdings nicht klar, dass es so schnell gehen konnte. Einmal gezogen und bums, tot. Ich überlebte knapp. Vollkommen unverständlich war mir anschließend, wie meine Eltern das mit dem Rauchen so eisenhart jeden Tag durchziehen konnten, ohne abends röchelnd auf dem Teppich zu liegen. Und Markus rauchte auch, und zwar noch mehr als meine Eltern. Damit war er für mich der Allerhärteste unter den ganz Harten und auf jeden Fall Stadtmeister in der Coolnessliga.

Markus rauchte auf Lunge, klar, denn Paffer waren Loser. Genauso gut hätte man gut in Mathe sein können oder schwul.[*] Markus war auch 14 und rauchte rote Marlboros. Für mich stand damit fest: Der Weg zu Markus war nicht beleuchtet, sondern geteert. Mit roten Marlboros. Rot war die Farbe der Liebe auf einer Zigarettenschachtel. Wenn ich Markus wollte, würde ich auch rauchen müssen.

Ich überredete meine Kusine, gemeinsam mit mir die Reise ins Marlboro-Country anzutreten. Es klang nach Freiheit und Abenteuer, erstens weil die einem das in der Werbung immer sagten, und zweitens weil es verboten war und Verbotenes immer spannend ist, gerade in einer Gegend, die von sich aus so spannend ist wie ein Schälchen Erdnussflips.[**] Meine Kusine kam ab da also

[*] Die politische Korrektheit steckte damals noch in den Kinderschuhen. Schwul war ein gängiges Synonym für unmännlich, behindert war ein ganz normales Schimpfwort, und rauchen war ebenso selbstverständlich cool. Man bekam noch Zigeunerschnitzel und Mohrenköpfe, und ein guter Mensch war noch kein Gutmensch. Andere Zeiten damals …

[**] Soweit ich weiß, sind in meiner Heimat insgesamt zwei Morde

jeden Morgen vor der Schule auf eine heimliche Kippe an meinem Fenster vorbei. Wir fühlten uns wild und erwachsen. Nach dem heftigen Husten der ersten Kippe rauchten wir uns herunter auf leichten Husten, der nach weiteren Schachteln in Schwindel und Übelkeit überging. Wir rauchten tapfer weiter, denn wir rauchten ja für den guten Zweck: Markus. Und tatsächlich, irgendwann ging's! Wir konnten unfallfrei rauchen! Wenn auch erst Marlboro Lights. Damit hatten wir uns aber quasi die Eintrittskarte in die Elite erraucht. Wir waren noch nicht im VIP-Bereich, aber immerhin. Die Raucher bildeten die coole Clique, deren Coolness man schon daran ablesen konnte, dass sie sich auf dem Schulhof einer Grundschule traf und dort einfach nur abhing, ohne weiteres Programm. Die legendäre »Schulhofgang« bestach durch absolutes Nichtstun. Abgesehen vom Rauchen natürlich. Wer zu dieser Truppe gehörte, war der heiße Scheiß! Gerade als Mädchen, denn die Frauenquote gab's damals noch nicht, und ob Mädchen überhaupt cool sein konnten, war noch längst nicht bei allen ausgemacht. Entsprechend standen wir unter besonderer Beobachtung. Armhaltung, Kippenhaltung, das Ziehen, die Verweildauer des Rauchs in der Lunge, das Ausblasen des Rauches und die Anzahl der gerauchten Kippen, all das waren Kriterien, für die Coolnesspunkte abgezogen werden konnten, wenn man es, nun ja, eben nicht cool machte. Hätte ich

passiert. Einer vor über zwanzig Jahren in einem Waldstück, der andere angeblich in einer Kläranlage, wobei das, glaube ich, auch eher eine Geschichte war, die uns unsere Eltern erzählten, um uns vom Trampen abzuhalten. Wie gesagt, wir hatten ja nichts. Nicht mal Kriminalität.

die Energie, die ich aufs Rauchen verwandte, in meine Schulaufgaben gesteckt, wäre ich vermutlich die Klassenbeste gewesen, (aber damit natürlich uncool und maximal weit weg von Markus, und um den ging's ja schließlich). Der nahm mich aber auch jetzt nur sehr spärlich zur Kenntnis, was aus meiner Sicht daran lag, dass er eben rote Marlboro rauchte und ich bloß Marlboro Lights. Nicht ganz die Diskrepanz wie zwischen den Häusern Capulet und Montague, aber in meiner Welt doch so ähnlich. Ich suchte viele Nachmittage lang nach anderen Anknüpfungspunkten, fand aber keine. Auf Eltern hatte er grad keinen Bock, Haustiere hatte er nicht, Politik langweilte ihn, Schule fand er blöd und Lesen sogar regelrecht bescheuert. Gut fand er eigentlich nur Schnitzel, Fußball und Rauchen. Ich dagegen war gerade Vegetarierin und konnte Fußball nur mühsam von Tennis unterscheiden. Blieben als Gemeinsamkeit also bloß Zigaretten. Um die Ernsthaftigkeit meiner Liebe zu unterstreichen, rauchte ich mich in Rekordzeit von Lights auf Rot und ging dafür noch mal durch die Hölle von Husten, Schwindel und Übelkeit. Aufgeben war aber keine Option. Am Ende hatte ich in Mathe und Physik eine Fünf, im Rauchen aber hätte ich eine glatte Eins bekommen. Kein Augenzusammenkneifen, kein Hüsterchen, nichts. Komplett cool. Endlich honorierte Markus meine Bemühungen, und wir gingen drei Monate miteinander, bis wir merkten, dass Rauchen als Grundlage für echte Liebe doch etwas wenig ist. Ich verließ die Schulhofgang kurz danach wieder, und Markus spielte in meinem Leben keine Rolle mehr, aber ich hab anschließend noch sechzehn Jahre lang weitergeraucht. Irgendwann hörte ich, mein rauchender Romeo habe versucht, sich mit Kiffen noch eine Spur cooler zu qualmen, was bei ihm aber dazu führte, dass er beim Kicken den Ball nicht mehr an seine Mitspieler abgab, sondern immer so hoch wie möglich in die Luft schoss, woraufhin man ihn in eine psychiatrische Klinik steckte. Aber vielleicht ist auch das nur eine Geschichte, die Eltern erzählen, um die nachfolgende Generation vom Kiffen abzuhalten. Aber nie wieder habe ich danach mit solchem Einsatz um die Liebe gekämpft. Und das, liebe Kinder und Shakespeare-Fans, ist ja wohl das Kennzeichen von echter Romantik ...

II

Der Kapitalismus ist unbesiegbar. Als 1991 der Karneval wegen des lästigen Golfkriegs abgesagt wurde, verzeichneten die Kostümhersteller massive Einbußen. Um die zu kompensieren, startete die »Fachgruppe Karneval im Deutschen Verband der Spielwarenindustrie« eine massive Kampagne mit dem Ziel, Halloween auch in Deutschland zu etablieren.[*] Im vergangenen Jahr wurde mit offiziellen Halloween-Artikeln ein Umsatz von 30 Millionen Euro gemacht, und da sind die Einnahmen aus den ganzen Partys noch nicht mal mitgerechnet.[**] Seither

---

[*] Zumindest schreibt das die »Fachgruppe Karneval im DVSI« in einer Pressemitteilung.

[**] Halloween bezieht sich übrigens im Ursprung auf ein altes heidnisch-keltisches Totenfest. Das zur Beruhigung für alle, die aktuell Angst haben, »unsere« Kultur könnte überfremdet werden. In Wirklichkeit sorgt »unsere« Kultur, beziehungsweise eben der

gibt es bei uns also sowohl Karneval als auch Halloween. So funktioniert Kapitalismus. Ein erstaunlicher Marketingerfolg, aber nichts im Vergleich zu dem, wie die Liebe vermarktet wird.

Als nämlich Weihnachten als Fest der Liebe langsam sein Limit erreicht hatte, grub die Industrie einfach einen anderen alten, christlichen Märtyrer aus und schuf mit dem Valentinstag einen nagelneuen Tag, an dem jeder gefälligst seinem Schatz-Schnurpsel-Knuffel-Hasen-Bubu-Goldstück-Mausebären zeigen muss, wie lieb sie ihn oder er sie hat. Dass man das perfide Konzept dahinter durchschaut, hilft einem gar nichts, wie jeder weiß, der schon mal am 14. Februar ohne Plan und/oder Geschenk nach Hause gekommen ist.

Der Mann hatte mich in dem Jahr mit einer Flucht überrascht. Ein paar Tage Lissabon, wo es vermutlich keinen Valentinstag gab oder zumindest das Wetter besser war. Lissabon, das war auf jeden Fall besser als Rosen oder Schokoladenherzen. Wir standen also im Flughafen, und die Schlange war beachtlich, denn auch viele andere wollten weg von Pralinen, Blumen und Deutschland. Ich vermutete, dass die Reiseindustrie womöglich mit der Blumen- und Schokoladenindustrie unter der großen, gemeinsamen Kuscheldecke des Kapitalismus steckte und dass das hier ein abgekartetes Spiel ist, ähnlich der von mir schon lange vermuteten Symbiose zwischen Nutella und Clearasil. Aber man muss aufpassen,

Kapitalismus dafür, dass wir sämtliche fremden Riten, Gebräuche und Traditionen innerhalb weniger Jahre einfach in Grund und Boden feiern.

dass man sich nicht verkämpft, und ich fand, Lissabon war eine wirklich schöne Geste. Also auf nach Portugal! Der Computer am Terminal fand unsere Namen allerdings nicht und verwies uns an den Schalter. Da saß eine ältere Dame, deren Namensschild sie uns als »Martha« vorstellte. Der Mann flüsterte, wie grandios es wäre, wenn sie mit Nachnamen Pfahl hieße, und wir kicherten, während Martha uns mit lackierten Fingernägeln in ihrem Computer suchte. Da standen wir auch nicht. Nicht mal der Flug nach Lissabon fand sich in ihrem Computer. Wir kicherten nicht mehr. Langsam wurde der Mann nervös. Er suchte und fand die elektronische Bestätigung der Ticketkäufe im Handy, Martha suchte und fand den Grund, warum wir nicht im System waren: Der Mann hatte beim Kauf im Internet schlicht und einfach Abflug und Zielflughafen vertauscht. Wir waren gebucht auf einen Flug, der in einer knappen Stunde von Lissabon nach Deutschland ging. Guter Rat war jetzt im wahrsten Sinne des Wortes teuer. Die gusseiserne Martha hinterm Schalter schüttelte aber den Kopf auf die Frage nach Umbuchen. Nein, nichts zu machen. »Morgen ist doch Valentinstag«, appellierte der Mann an den Sinn für Romantik in Martha, die aber so aussah, als hätte sie mit den Themen Valentin, Liebe oder Kundenfreundlichkeit schon vor Jahren abgeschlossen. Der nächste Flug nach Lissabon, sagte sie, gehe eh erst am nächsten Tag, sei aber schon voll. Da könnten wir natürlich auf eine Warteliste, aber versprechen könne sie da nichts. Rings um uns herum standen Paare mit korrekt gebuchten Flügen und dem kompletten Schatz-Schnurpsel-Knuffel-Hasen-Bubu-Goldstück-Mausebären-Programm. Bei uns am

Schalter herrschte die Stimmung, die man von Weihnachten kennt, wenn alle versprochen haben, sich nichts zu schenken, und das dann tatsächlich einhalten: Eine leichte Enttäuschung kroch durch unsere valentinboykottierenden Herzen. Es gab keinen Plan B. Nicht Marthas Problem, die jetzt schon das nächste Paar nach Rom schickte. Wir trotteten in eins der Flughafenrestaurants. Eine dieser Steakhaus-Ketten. »Bist du sauer?«, fragte der Mann, was in etwa das Pendant zu der »Findest du mich dick«-Frage von Frauen war, also eine rein rhetorische Frage, auf die man nur zügig mit »nein« antworten darf, wenn einem noch was an der Beziehung liegt. Wir stocherten in unserem Salat mit Rinderhüftstreifen. Ich fand, das sei die Höchststrafe für die Tiere, am Ende hier im Salat zu landen. Eine Art Rinderhölle, mit der die Kühe schon den Kälbern drohen: »Wenn du nicht artig bist, kommst du am Ende ins Flughafensteakhaus.« Wir beschlossen, es sei wirklich eine amtliche Alanis-Morissette-Ironie, wenn man auf der Flucht vor dem Tag der Liebe im lieblosesten Schuppen eines Flughafens landet. Beim überragend schlechten Kaffee in dem Laden fingen wir langsam an, über die umherlaufenden Paare zu lachen, die, anders als wir, nicht schlau genug waren, um falsch zu buchen, und deswegen jetzt stundenlang in Flugzeugen sitzen mussten, um in Altbauhochburgen wie Rom abzuhängen, während wir hier quasi ohne Anreise in einem hochmodernen neonlichtausgeleuchteten Gourmettempel saßen. Wir bummelten anschließend durch die Läden, die komplett voll waren mit nutzlosem Kram, und zeigten uns Sachen, die wir uns gegenseitig nicht gekauft hatten, als Zeichen von Zuneigung. »Schau, andere Männer bekommen diesen

Flaschenöffner, der beim Flaschenöffnen rülpst, du nicht, weil ich dich mag!« –»Oh, danke, dafür schenke ich dir nicht dieses Buch über die 100 Dinge, die eine Frau einmal im Leben getan haben sollte, weil ich dich auch mag!« –»Das ist so süß von dir!« Wir kauften Alkohol im Duty-free-Shop und tranken ihn auf der windigen Besucherterrasse. Der Mann deutete von hier aus auf die Stadt, in der wir wohnten, und tat so, als sei es Lissabon. »Guck, da drüben ist das Bairro Alto, da gibt's den besten Griechen der Stadt und fröhlichen Fado!« –»Ah, toll, davon hab ich gehört, wunderschön!« Wir winkten den Flugzeugen, die ohne uns die Stadt verließen. Wir fuhren durchgefroren und angetrunken im Taxi wieder nach Hause. Im Radio lief Helene Fischer, und ich sagte:»Guck, sie spielen unser Lied!«. Wir gingen in die Badewanne und taten überrascht, wie warm und klein der Atlantik um diese Jahreszeit in Portugal ist. Wir schlugen dem Liebeskapitalismus ein winziges Schnippchen und küssten uns mit ganz neuer Romantik. Seither feiern wir am 13. Februar Marthatag, den Tag für alle, die den Valentinstag blöd finden und trotzdem ihre ganz eigene Romantik haben.

Die Liebe
und der Körper

2015

Er

Es geht so nicht mehr weiter! So muss ich mich von ihr nicht behandeln lassen!!! Sie kann nicht erwarten, dass ich tagein, tagaus funktioniere, rund um die Uhr, und sie, sie macht nichts! Einfach nichts! Nada! Angenommen, ich wäre nicht ihr Körper, sondern ihr Auto, wo sie aber kein Benzin reinkippt, sondern Wurstwasser, da könnte sie auch nicht erwarten, dass ich noch fahre! Aber klar, das ist natürlich was anderes! Das Auto hat ja was gekostet. Ich bin ja umsonst! So sieht sie das! In jeder Mietwohnung hat der Mieter auch Pflichten. Er muss lüften, heizen, ab und zu mal durchwischen, lauter so Sachen. Und sie? Nichts! Einfach nichts! Dabei wohnt sie in mir nicht mal zur Miete! Sonst könnte ich ihr ja kündigen, wegen Eigenbedarf. Aber das geht nicht, ich bin ja ihr Körper! Wenn ich ihr kündige, ist es auch für mich Mist, weil ... äh ... da kann ich nicht drüber nachdenken, dazu fehlt mir der Grips. Der Grips gehört ihr. Damit liest sie immer, denkt nach und macht so Sachen. Mit Seele, Job und Zeug! Ja, toll! Super! Glückwunsch!! Und ich? Was ist mit mir?? An mich denkt sie nie!!

Ich

Zigaretten sind schon wieder fast alle. Wer hat die denn alle weggeraucht? Hm, im Zweifel ich ... Muss ich schon wieder zum Kiosk. Das grenzt ja schon an Sport, so oft, wie ich da hinrenne. Ich brauch erst mal 'n Kaffee, bevor ich zum Kiosk laufe, wobei, nee, warte mal, hat Murat nicht auch Zigaretten? Das gibt's echt nicht. Ich geh dreimal die Woche in Murats Imbiss und weiß nicht, ob der Zigaretten hat oder nicht. Manchmal ist mir schleierhaft, wofür ich meinen Grips überhaupt habe. Na ja, wenn's blöd läuft, muss ich eben nach dem Döner noch zum Kiosk. Aber damit ich's überhaupt zum Döner schaffe, brauch ich erst mal 'n Kaffee ... am besten auf die Hand, zum Mitnehmen ...

Er

Da, schon wieder Kaffee!! Die hat doch was gegen mich! Was denkt die, woraus ihr Herz ist, aus Stahl oder aus Kaffeebecher? Einmal Herzkasper auf die Hand, to go! Und schon wieder mit Milch! Hallo! Wie oft denn noch? ICH KANN DAMIT NICHTS ANFANGEN!!! Sie kapiert's nicht!! Man mischt doch einer Kuh auch keine Gerste und Hopfen ins Futter und hofft, dass sie dann Bier gibt. Schräger Vergleich, aber was soll ich machen ohne Grips? Jetzt muss ich schon wieder Blutdruck machen! Ich reg mich auf! Und jetzt mein ich es wirklich ernst! Jetzt zieh ich Konsequenzen, und zwar richtig, ich dreh so dermaßen durch, dass sie … ah, was ist das? Nikotin … hmmm, o. k., aber danach zieh ich Konsequenzen …

Ich

Ah, super. Kaffee und Kippen. Die besten Erfindungen der Menschheit! Ich war schon wieder kurz vor aggro und Durchdrehen, hab ich gemerkt. Kein Wunder, ich muss noch die komplette Sendung für morgen vorbereiten. Keine Ahnung, wie ich das schaffen soll, immer ist der Tag ratzfatz um … Aber jetzt hab ich auch richtig Hunger …

Er

Döner … Toll! Hatten wir ja erst dreimal diese Woche! Kann ich mich wieder kaputtschuften. Seh ich nicht! Jetzt stell ich ihr die Durchblutung der Füße schon mal ein … Soll sie mal sehen …

Ich

Irgendwie zieht's bei Murat. Hab richtig kalte Füße. Dafür hat er aber Zigaretten. Wusste ich doch … Ich stell mal die Kaffeetasse auf die »Gesundheitswarnung«. Wenn's nach mir ginge, stünde da drauf »Rauchen ist die Freiheit, sich selbst zu ruinieren«. Das ist gut, das schreib ich auf, sobald ich aufgeraucht hab … Sag ich ja immer: Döner ist Superfood fürs Gehirn!

2016

Ich

Seit drei Wochen rauchfrei! Krass! Hab eigentlich nur eine Wette verloren, dann aber durchgezogen. Im Grunde war es gar nicht so schwierig... Ich hab ja gesagt, ich hab meinen Körper gut im Griff...

Er

Ich drehe durch! Ich weiß gar nicht mehr, was los ist. Man kann doch nicht von heute auf morgen, nachdem man jahrelang... das geht doch nicht. Erst fünfzehn Jahre Überstunden und jetzt plötzlich Kurzarbeit! Da muss sie sich nicht wundern, wenn ich streike... Ich bin richtig sauer!

Ich

Ich bin richtig sauer! Was soll das für ein Leben sein, seit sechs Wochen ohne echte Zigaretten? Diese Kräuterkippen sind ja das Allerletzte. Das ist ja wie Rock 'n' Roll auf 'ner Blockflöte! Und entkoffeinierter Milchkaffee, mein Gott, das ist kurz vor veganem Döner. Ich weiß nicht, ob ich das durchhalte...

Er

Ich weiß nicht, ob ich das durchhalte. Ich muss plötzlich Flimmerhärchen bilden, hab ich doch ewig nicht gemacht. Und darauf jetzt noch Milchkaffee. Mit Milch!! Ich hasse Milch. Milch ist für mich wie Regen für 'n Schneemann...

Ich

Kaum hör ich auf zu rauchen, hab ich Laktoseintoleranz. Was für ein peinlicher Quatsch! Nutzt aber nichts, der Arzt hat's gesagt. Toll, bis gestern saß ich noch in Kneipen, jetzt sitz ich im Wartezimmer. Es geht so derbe bergab. Vielleicht fang ich wieder an zu rauchen. Ich soll auch mal Sport machen, hat der Arzt gesagt. Fällt das noch unter Humor oder schon unter versuchte Körperverletzung?

Er

Was macht sie denn jetzt?! Sie bewegt sich, also mich. Und zwar schnell. Ich sortier hier noch Laktase und Nikotin auseinander, und Madame fängt an zu laufen! Ich drehe durch!! Wenn ich auch nur etwas Grips hätte, könnte ich mal über Wiedergeburt nachdenken, derselbe Körper, aber für einen anderen Menschen. O Gott, ist das alles lange her, warte mal, was ist das denn hier für 'n Zeug? Ah, ich weiß, Endorphine...

Ich

Ach, das war richtig schön, das Laufen. Muss ich sagen. Ich bin natürlich komplett kaputt, aber auch regelrecht glücklich. Hab ich gar nicht gewusst, dass das geht... Alles reine Kopfsache...

Er

Hallo?

Ich

Hallo?

174

Er

Na, dass wir uns mal treffen...

Ich

Äh ja, irgendwie komisch, oder?

Er

... weiß nicht, als Körper hab ich's nicht so mit Humor...

Ich

Da lebt man jahrelang so nebeneinanderher und kennt sich gar nicht... Praktisch wie in 'ner Ehe... Sorry, ist schon wieder Humor...

Er

... ich hab schon öfter versucht, mich bemerkbar zu machen...

Ich

Echt? Ist mir nie aufgefallen...

Er

... weil du immer rauchen musstest oder Kaffee trinken...

Ich

Ja, Wahnsinn, was da für Zeit bei draufgeht! Fällt mir auch jetzt erst auf, wo ich's nicht mehr mache. Tut mir leid. Wie geht's dir?

Er

Ach, jetzt auf einmal interessierst du dich dafür, wie's mir geht...?!

Ich

Na ja, jetzt, da wir mal so ganz direkten Kontakt haben...

Er

...

Ich

Hallo? ... Bist du jetzt beleidigt?

Er

...

Ich

Pickel? Im Ernst jetzt? Ich esse zum ersten Mal nennenswert Gemüse und kriege Pickel? Ich mache zum ersten Mal Fitness, und mir tut alles weh?

Er

Ja, ich bin nachtragend. Na und? Du hast mich zwanzig Jahre schlecht behandelt, da kann ich dich jetzt ja wohl auch mal schlecht behandeln, das ist nur fair...

2017

Ich

Ah, das sieht aber sehr gut aus. Das ist eine vegetarische Lasagne? Prima, das nehme ich. Und ein stilles Wasser, danke!

Er

Gute Wahl. Da kann ich was mit anfangen …

Ich

Weiß ich doch. Ich kenn dich doch jetzt schon ganz gut …

Er

Na ja …

Ich

Komm! Gemessen daran, wie es noch vor zwei Jahren war!

Er

Ja, gut, das stimmt, aber dafür zick ich auch nicht mehr rum. Nach dem Sport zum Beispiel hörst du von mir keinen Mucks mehr …

Ich

… dafür kriegst du weniger Fleisch und wenn, dann ist es bio und keine 100 Gramm Salami für 39 Cent …

Er

… erinner mich bloß nicht daran …

Ich
Läuft doch zwischen uns ...

Er
Magst du mich eigentlich?

Ich
...

Er
Was? Willst du dich dazu nicht äußern? Ist dir das jetzt peinlich?

Ich
Du weißt doch, wie es ist, Frauen haben oft ein komisches Verhältnis zu ihrem Körper ....

Er
Ich finde, Körper haben oft ein sehr gutes Verhältnis zu Frauen.

Ich
Hmmm ...

Er
Was hmmm?

Ich
Nichts ...

Er
Was ist denn jetzt? Magst du mich?

Ich
Doch, ja, schon ...

Er
... aber du magst mich weniger, als du früher Zigaretten und Kaffee mochtest ...

Ich
Das kannst du doch nicht vergleichen ...

Er
Also, ich für meinen Teil, ich liebe dich ...

Ich
... hmmm ... sollen wir nach dem Essen noch zum Wellness?

Er
Bist du grad rot geworden?

Ich
Wenn, dann bist du ja rot geworden!

Er
Nee, das ist komplett dein Ding ... Aber Wellness klingt gut ...

Ich
… Tut mir leid. Wir kriegen das schon noch hin mit uns.
Gib mir noch ein, zwei Jahre.

Er
Ich warte auf dich…

Die Liebe
und die Wut

Der Mensch ist schlecht konstruiert. Wie ein billiges Glätteisen aus Asien. Beide sind ursprünglich entwickelt worden, um etwas besser und schöner zu machen. Haare oder eben die Welt. Durch etliche Konstruktionsfehler laufen Mensch und Gerät aber oft heiß, und dann kann schon mal eine Sicherung rausfliegen. Deswegen hat es die Liebe so schwer. Wut und Hass sind einfach einfacher. Wut und Hass liegen uns näher als die Liebe. Wer schon mal was von IKEA aufgebaut hat, weiß, was ich meine. Ein auftauchendes Problem löst der Mensch in hundert von hundert Fällen durch Fluchen, Schreien, Schimpfen und Sachen schmeißen. Nie, in keinem Fall, löst er es durch liebevolles Durchblättern der Bauanleitung, sanftes Nachfragen oder wohlmeinendes Streicheln des Imbusschlüssels. Niemand sagt: »Tja, Lillebror, ich weiß, du kommst aus Schweden. Vielleicht hast du auf deiner langen Reise zu mir eine Schraube verloren. Kann das sein?« Es käme uns verhaltensgestört vor, so mit einem unfertigen Schuhschrank zu reden. Gar nicht merkwürdig finden wir, denselben unfertigen Schuhschrank anzuschreien:

»Wo ist jetzt hier die vierte Holzbefestigungsschraube, du Arschloch?!« Schreien ist Teil des Zusammenbauvorgangs. Wir wollen jemand anderem die Schuld geben, wenn's schwierig wird. Dem blöden Schrank, dem Scheißschweden, dem Vollidioten, mit dem wir leben und der gesagt hat: »lass uns doch zu IKEA fahren«, dem Drecksnachbarn, der ausgerechnet jetzt nicht da ist, um uns seinen Scheißakkuschrauber zu leihen, dem Drecksnachbarn von drüben, der so komisch guckt, weil hier so geschrien wird! Hass, Wut und Aggrosein sitzt den Menschen dicht unter der Haut. Es ist in unserer DNA verankert. Von Anfang an. Jeder weiß das, der einmal eine Stunde auf einem Spielplatz mit Kindern verbracht hat. Man muss den kleinen Menschen mühsam beibringen, Schüppe und Förmchen mit anderen Kindern zu teilen. Man muss sie zwingen, fünf Sekunden zu warten, bis die Kleineren gerutscht sind, statt ihnen direkt auf den Kopf zu rutschen. Man muss ihnen verbieten, dem blöden anderen Kind beim Klettern mit Schmackes auf die Finger zu treten. Ausrasten, schreien, toben, heulen und wüten können sie dagegen alle von alleine. Schon Vierjährige benehmen sich im Sandkasten wie Donald Trump beim G-20-Gipfel. Zu anderem Verhalten muss man die Biester erpressen, mit Eis, Pommes oder – in meinem Fall – der Androhung, sie an die Eltern zu verpetzen. Ich bin auch so. Ich bin eine Vierjährige im Körper einer Erwachsenen. Auch meine Anlässe für Wut sind auf Spielplatzniveau. Morgens, zum Beispiel, die Leute im Radio. Mit ihrer ekelhaft guten Laune, wenn ich noch unausgeschlafen bin, wie sie anderen widerlich wachen Hörern per Telefon zu einem gewonnenen Einkaufsgutschein im Wert von hundert Euro bei irgendeinem Bums-Möbelmarkt gratulieren, während bei mir schon wieder das Shampoo leer ist. Schon bin ich sauer. Beim Frühstück hat der Frischkäse seinen Beruf verfehlt. Er ist nämlich nicht frisch, sondern gammelt pelzig vor sich hin. Wurst ist auch alle, dafür ist im O-Saft Fleisch. Fruchtfleisch. Bäh. Wer hat den denn gekauft? Im Zweifel ich, aber ich bin hinters Licht geführt worden. O-Saft gab's früher mit oder ohne und heute gibt's sieben Stufen dazwischen, und wer hat Zeit, das Etikett zu lesen, wenn hinter einem im Gang vom Supermarkt schon vier Obdachlose drängeln, um ihr gesammeltes Pfand zu versilbern? Meine Laune ist eins unter Keller. Die ekelhaften Partypeople aus dem Radio trällern derweil fröhlich was von einem Unfall auf der Straße, über die ich gleich fahren muss, was durch den Unfall jetzt 45 Minuten länger dauert als gewöhnlich. Ich sehe, ich hab vergessen, mein Handy zu laden. Mit den verbliebenen zwölf Prozent Akku guck ich in die Timeline der vergangen Nacht und sehe, was die anderen in den letzten Stunden erlebt, gemacht und hinbekommen haben, während ich schon wieder zu spät dran bin für meinen Termin beim Amt, was ja eh so ist wie Happy Hour in der Hölle. Die anderen aus dem Internet sind nie beim Amt. Nur ich. Ich bin noch keine Stunde wach, und der Tag ist schon im Arsch. Klar, woanders ist Krieg, aber das verbessert meine Laune hier auch nicht. In dieser Laune mag ich andere Menschen nicht. Da ist bei mir nix mit Liebe. Um das zu ändern, habe ich angefangen zu meditieren. Ja, ja, ich weiß. Meditieren. Beten für Amateure, Rumsitzen für Fortgeschrittene. Es ist kurz vor Batiken und Roibuschtee. So dachte ich anfangs auch. Aber heute kann man auch das online machen. Per App. Das macht auch Meditieren gleich viel cooler. Erst singen Wale, dann spricht jemand mit dieser ruhigen, sanften Stimme eines Märchenonkels für Erwachsene. Er sagt, dass man sich selbst mögen soll, dass man andere mögen soll, dass man den Raum um sich wahrnehmen soll, dann muss man die Augen schließen und in seinen Körper hören. Es klingt in echt nicht so albern, wie es jetzt hier klingt. Es klingt überzeugend. In den ersten Tagen macht mich die beruhigende Stimme zwar noch nervös, aber dann gewöhne ich mich daran, und es funktioniert. Es beruhigt einen, wie akustisches Daumenlutschen für Erwachsene. Sobald man mehrfach unter Anleitung durchgeatmet hat, sind 12 Prozent Akku kein Problem mehr, Fruchtfleisch im Saft ist lächerlich, genau wie ein Termin beim Amt. Meditieren ist wie Rauchen, nur gesünder. Meditieren hilft. Es ist der Weg zu mehr Liebe im Alltag. Dank der App kann ich jetzt praktisch überall meditieren. Allerdings nicht auf dem Weg zum Amt, wo die Passierdauer, wegen der Schaulustigen des Unfalls, nun bei etwas über einer Stunde liegt. Menschen machen es einem schwer, sie zu lieben. Eigentlich müsste ich mehr meditieren. Es hat sich aber gezeigt, dass es beim Autofahren nicht hilfreich ist, in seinen Körper zu hören. Ich höre stattdessen Radio. Genauer gesagt Radiowerbung. Für ein Matratzenlager, Aktionswochen bei Carglass und ein Müsli. Radiowerbungen sind schlimmer als Schaulustige. Ich bin am Limit meiner Liebe, als ich beim Amt ankomme. Ich ziehe eine Nummer – A 261 – und sehe an der Tafel, dass aktuell gerade A 179 aufgerufen wird. Puh. Ich muss wirklich meditieren und hab ja auf absehbare Zeit eh nichts Besseres zu tun.

Ich suche meine Kopfhörer. Meine Tasche ist so groß wie das Saarland, die Kopfhörer sind winzig. Wieso bauen diese Idioten bei Apple eigentlich immer kleinere Kopfhörer? Wieso finde ich in meiner Tasche auf Anhieb drei Labellos und die zwei Taxiquittungen, die ich gestern gesucht hab wie blöde, aber keine Kopfhörer? Wieso machen diese Taschenfuzzis eigentlich nie genug Seitenfächer in die Taschen, so dass ich ... ah, da sind ja die Kopfhörer! Ich hab noch sieben Prozent Akku. Ich sehe, es sind schon zwölf Nachrichten reingekommen, aber egal, ich meditiere jetzt erst mal. Die Wale singen, die Stimme kommt, ich schließe die Augen, ich nehme mein Herz wahr, wie es schlägt, ich nehme meine Stimmung wahr, sie ist nicht so gut. Ich atme durch. Ich atme durch. Ich atme. Es wird besser. Die Welt wird besser mit geschlossenen Augen. Meine Stimmung auch. Die Stimme erinnert mich daran, mich nicht dauernd so hart zu beurteilen. Sie sagt, ich soll die Menschen liebevoller sehen. Die Stimme hat recht. Ich weiß es ja, die Welt braucht mehr Liebe. Ich mache die Augen wieder auf. Auf der Tafel steht A 262. Wie schnell ging das denn bitte? Wie kann das sein? Kann man sich nicht mal mehr darauf verlassen, dass Beamte schnarchig sind? Ich sprinte in das Großraumbüro zum angegebenen Tisch für A 262. Dort sitzt jetzt eine umfangreiche türkische Familie. Die Sachbearbeiterin ist sehr stark geschminkt. Ich schwenke meinen Zettel wie einen Hauptgewinn an der Losbude. »Entschuldigung, ich bin die 261! Ich hab nur meditiert, deswegen hab ich den Aufruf verpasst.« Ich sehe in fünf ratlose türkische Gesichter und das sehr stark geschminkte der Sachbearbeiterin. In circa drei Sprachen stellt die

Gruppe gemeinsam fest, dass jetzt A 262 an der Reihe ist. Der kleine Emre muss irgendwo angemeldet, die Familie umgemeldet und irgendwas muss auch noch abgemeldet, werden. Ich hingegen brauche nur einen Stempel. Die lebende Douglas-Filiale hinterm Schreibtisch sagt, ich soll eine neue Nummer ziehen. Emre kreischt. Ich sage, dass ich im Grunde ratzfatz durch bin, ich muss wirklich nur einen Antrag abgestempelt kriegen. Einfach Stempel druff, patsch und fertig! Und ich hab ja, wie gesagt, die A 261. Ich bin noch ganz ruhig vom Meditieren. Ich habe viel Liebe für alle. Für die türkische Familie und das Rouge-Debakel, das den Stempel hat. Liebe wird die Welt retten. Liebe wird mir den Stempel ermöglichen. Emre kreischt lauter. Ich bleibe leise, ruhig, beherrscht. Der Vorteil der Meditation. Wenn der verbeamtete Make-up-Unfall hinterm Schreibtisch meditieren würde, hätte ich jetzt schon meinen Stempel. Stattdessen zieht Moulin Rouge kritisch die gezupften Augenbrauen zusammen. Ich wende mich an die türkische Familie, denn Türken sind gastfreundlich. Ich brauche nur einen Stempel, sage ich zum neunten Mal und lächle. Der ältere Sohn sagt was auf Türkisch, ich verstehe das Wort meditieren, vielleicht bilde ich mir das aber auch nur ein. Die massiv verspachtelte Sachbearbeitungsschachtel wird jetzt pampig, und ich erwähne beiläufig, dass sie auch von meinen Steuern gezahlt wird. Emre plärrt richtig los. Emres Mutter findet, dass das meine Schuld ist. Ich versuche, ihn oder sie dazu zu bringen, durchzuatmen. Beide hören nicht zu. Der ältere Sohn will erst recht nicht durchatmen, sondern mir eine tafeln, wenn ich das richtig verstehe. Es sind offenbar nicht alle Türken gastfreundlich. Die Concealer-

Überdosis konferiert mit einem Kollegen und zeigt mit dem Finger auf mich. Andere Bürger gucken auch rüber. Ich fühle mich wie beim Supertalent, wenn alle Juroren schon das große X gedrückt haben, aber man einfach weitersingt. »Ich habe nur MEDITIERT!!« ist ein Satz, der, wenn man ihn so laut kreischt, wie ich jetzt, einen Großteil seines Sinns einbüßt. Sicherheitspersonal erscheint. Mir wird erklärt, dass ich heute keine neue Nummer mehr ziehen kann. Und morgen auch nicht. Ich will eine Freundin anrufen, die bei der Stadt arbeitet. Mein Akku ist leer. Ich habe hier reichlich Zeit verloren, und meine Liebe zu den Menschen. Ich denke, eines Tages wird man die Sprache der Wale entschlüsseln können. Dann wird man verstehen, was sie am Anfang meiner Meditation wirklich singen. Vermutlich so was wie »ich brauche nur einen Stempel«, »du bist dick geworden« oder »ich hasse Menschen«. Und wer könnte es den Walen verübeln?

Die Liebe
und das Ende

»Pass auf, Schatz, zu einem Brunch kann man gar nicht zu spät kommen! Brunch ist eine Mahlzeit, keine Uhrzeit. Frühstück plus Mittagessen. Genau genommen sogar plus Kaffee & Kuchen, denn beides gibt's beim Brunch. Kaffee & Kuchen geht bis ungefähr sechs Uhr abends, und bis dahin, das versprech ich dir, bin ich fertig angezogen und geschminkt. Außerdem ist es peinlich, um zehn da zu sein, wenn es um zehn losgeht. Wer zu was Spießigem pünktlich ist, ist Lehrer oder sonst wie innerlich tot. Wenn es um zehn losgeht, geht es nicht vor elf los, also kommen die Ersten um halb zwölf, und die Ersten sind immer dieser komische Freund von Jonas mit seiner Frau und den schrecklichen Kindern. Es reicht völlig, wenn wir um zwölf da sind. Ja, ich weiß, dass es Viertel vor zwölf ist, ich bin gleich fertig!«

Es ist immer das Gleiche. Ich bin von Geburt an schlecht darin, mich passend anzuziehen. Ich mochte als Kind nicht mal meine Barbie einkleiden. Mein Geschmack läuft zum Beispiel nicht synchron zum Kalender. Des-

wegen denke ich jetzt, zum Brunch passt top das bunte Top. Zu dem Top hab ich im Grunde nur eine passende Hose, die ich wiederum nur mit einem bestimmten Paar Schuhe tragen kann. Damit hat sich das Klamottenthema von selbst erledigt, in Rekordzeit. Ich kann, bis wir losmüssen, sogar noch die Steuer machen. Das dauert allerdings länger, als ich dachte, und zehn Minuten nachdem wir eigentlich losgemusst hätten, fällt mir auf, dass die Schuhe offen sind, die Hose kurz ist und das Top dünn, während Leute draußen Moonboots tragen. Zu Recht, denn es ist Winter, und im Wetterbericht ist die Rede von Schnee! Vorm Kleiderschrank lag aber kein Schnee, deswegen hab ich die aktuelle Jahreszeit vergessen, und jetzt muss ich klamottentechnisch wieder bei unter null anfangen, und für Brunch im Winter hab ich gar nichts im Schrank. Ja, ja, klar ist das blöd, aber andere Frauen haben noch ganz andere Macken, und ich bin nicht mit Absicht so! Wirklich!!

»Bist du sauer? Doch, ich seh doch, dass du sauer bist … Immer wenn du so fährst, bist du sauer! … Tut mir leid, dass wir so spät dran sind! Aber wie lange kennst du mich jetzt schon?! Eben! Du weißt doch, wie ich bin! Und das ist kein Grund, jetzt so zu rasen! Außerdem hätten wir da vorne rechts gemusst. Doch! Ich weiß es deswegen, weil wir die letzten Male immer zu weit gefahren sind und dann zurückmussten, um da vorne rechts zu fahren! Gut, wenn ich keine Ahnung habe, dann frag das Navi! Du hast nämlich gar keinen Orientierungssinn! Nein, das ist keine billige Retourkutsche, das ist eine Tatsache, und das weißt du auch! Wie oft hatten wir das Thema schon? Du denkst, du hast einen Kompass im Kopf, und am Ende stellen wir fest, es ist höchstens eine kaputte Wasserwaage. Ja, dann fahr, wie du meinst ...«

Wir sind beide über dreißig und benehmen uns im Streit absolut kindergartenkompatibel. Keinen Tag älter als acht sind wir. Er vor allem. Wenn man ihn kritisiert, kann er nicht sagen, ja, sorry, mein Fehler, nein, er muss bei mir einen noch größeren Fehler finden. Das ist so ein Männerding. Nach einem Eigentor wollen sie unbedingt noch zwei Tore schießen, um nicht zu verlieren. Männer wollen unbedingt nicht verlieren. Frauen wissen nicht mal, dass es was zu gewinnen gibt. Deswegen spielen Männer Fußball, und Frauen machen Yoga und Pilates.* Auch in der Beziehung. Beziehungsyoga geht so, dass die Frau ihr Ego so weit verbiegt, bis es unter seinem Stolz

---

* Ja, ja. Es gibt auch Männer, die Yoga machen, und Frauenfußball. Das weiß ich. Aber im Auftrag des weiblichen Selbstbewusstseins will ich hier alle Männer über einen Kamm scheren. Frauen müssen aufhören, immer ausgewogen sein zu wollen. Ich bin eine Frau, keine Diät. Immer noch suche ich viel zu oft die Fehler bei mir. In Beziehungen und im restlichen Leben. Ich moderiere zum Beispiel eine Veranstaltung, auf der der Chef der veranstaltenden Firma eine Rede hält, in der er den berühmten Schriftsteller Kamuss zitiert, von dem ich noch nie gehört habe. Als er ihn ein zweites Mal zitiert, denke ich, wie unglaublich lückenhaft meine Bildung ist, und google den Mann. Ich bin beruhigt, dass Google ihn auch nicht kennt, dafür aber das Zitat. Es ist von Albert Camus, von dem der Chef also offenbar noch nie gehört hat. Er hat den Fehler gemacht, den ich aus Gewohnheit bei mir gesucht habe. Am Ende hat der Chef die Frau entlassen, die ihm die Rede geschrieben hat. Leider kein Witz.

durchpasst, ohne kaputtzugehen. *Ich entschuldige mich
also für meine Macken, er findet, er hat gar keine und
wenn doch, hab ich auf jeden Fall die größeren. Wir hätten vorhin rechts abbiegen müssen. Er weiß es jetzt auch.
Er weiß auch, dass ich weiß, dass er es weiß. Er fährt
aus Trotz einen Umweg. Wir werden sehr viel zu spät
kommen. Nicht nur wegen mir. Er wird mir trotzdem die
komplette Schuld daran geben ...*

»Sollen wir uns noch mal drücken, bevor wir da jetzt
reingehen? Ich hasse das, wenn wir zerstritten irgendwo
hingehen ... Nee, komm, mach es bitte so, als würdest
du es ernst meinen. Wir sind doch bloß zu spät zu einem
Brunch, das ist doch total peng, das ist, als ob man zu
spät zum Warten kommt. Wir beide sind doch größer
als Brunch, oder? Lass uns nicht so 'n Riesending draus
machen, ja?!«

*Er macht 'n Riesending draus. Auf seine Art. Seine Art
sind Witze. Witze sind lustig verpackte Verletzungen.
Tiefschläge mit Schleifchen.* »Immer zu spät kommen ist
ja auch 'ne Art Pünktlichkeit!« *Alle lachen, alle wissen, es
geht um mich.* »Man kann sich mit ihr eigentlich nur grob
für eine Jahreszeit verabreden, alles andere macht keinen
Sinn!« *Lacher.* »Sie hat drei Schränke voll mit nichts zum
Anziehen« *Lacher.* »... sie hat gedacht, wir brunchen in
'ner anderen Klimazone.« *Lacher. Ich kenn das noch
von früher. Meine Eltern waren mit einem Paar befreun-
det, mit dem trafen sie sich zum gemeinsamen Kniffeln,
Essen, Trinken oder einfach so. Nach zwei Wein flogen
die Beschimpfungen:* »Warum gehst du nicht auf Vierer-

pasch, du blöder Hirsch!« – »Du kannst mich mal! Lern
du erst mal würfeln!« – »Selber!« – »Die Alte ist so ver-
boten dämlich, die darfst du eigentlich nicht aus dem
Haus lassen! Wenn Dummheit Steine wären, wär sie die
Alpen!« Irgendwann stand einer von beiden auf und ging
einfach ins Bett. Der andere goss Wein nach und sagte:
»Morgen ist das wieder vergessen!« Ich fand das schon
als Kind furchtbar. Selbst ich merkte den Hass, der erst
zwei Wein brauchte, um durchs Witzeventil rauszukom-
men. Ich wollte nie so werden. Mit niemandem. Jetzt hör
ich ihn: »Sex? Warte, hilf mir gerade, was war das noch
mal? Ah ja, ich weiß wieder, das, was ich als Single hatte,
richtig.« Lacher.

»Können wir wieder gehen? Ja, jetzt schon. Wieso? Weil
der Lachs auch schon weg ist! Nee, das war 'n Witz! Ja,
ich weiß, wann wir gekommen sind, ja, und ich weiß,
wessen Schuld das war. Jeder hier weiß das jetzt. Aber
wenn du so zurückfährst, wie du hingefahren bist, brauchen wir ja auch noch 'ne gute Stunde länger. Nee, ist
nicht lustig? Stimmt, hier hat ja nur einer Humor. Auch
deswegen will ich wieder gehen! Ich hab nämlich gar
keinen Spaß mehr! Und wenn wir jetzt nicht abhauen,
brunch ich dir 'n großen Smoothie in die Haare!«

Immer hab ich Frauen gehasst, die Szenen machen in der
Öffentlichkeit. Jetzt mache ich eine Szene in der Öffent-
lichkeit. Jetzt bin ich, wie ich nie sein wollte. Wegen ihm.
Es wäre gut, wenn er jetzt käme, um mich in den Arm
zu nehmen. Einfach so, ganz witzlos. Reset. Alles auf
Anfang. Noch mal neu reinkommen. Brunch mit Freun-

den, Take zwei. Aber er kann nicht über unsere beiden Schatten springen. Ich auch nicht. Keiner springt. Beide stehen. Er steht bei den anderen. Und ich steh alleine. Dabei war doch mal das Ziel unserer Liebe, dass wir zusammengehören, immer, auch wenn andere dabei sind. Wo ist das hin? Wann sind wir gemeinsam so allein geworden?

»Nee, es geht nicht bloß um die Witze. Es geht um ... alles. Willst du wirklich wissen, was alles ist? Alles ist 'ne echt lange Liste. Gut, ich fang irgendwo an. Räum deinen Scheiß weg! Immer liegt deine Sporttasche neben dem Esstisch. Immer vergisst du eine Socke darin. Und »alte Sportsocke« gehört nicht zu den hundert schönsten Düften der Welt!«

Männer können nicht zuhören, Frauen kaufen Schuhe, und am Ende geht alles kaputt, weil er nie den Müll runterbringt. Gott, ist das öde, und jetzt komm ich mit Socken! Echt jetzt? Socken? Da sind wir?

»Ich weiß, dass ich zu lange vor dem Kleiderschrank verbracht hab, aber unter anderem auch, weil ich mit dir losgehe, weil ich mich nämlich auch für dich anziehe, während du dir gar keine Mühe mehr gibst. Aber du gehst ja auch mit mir raus, weißt du?! Du rennst rum, als würde dich das Rote Kreuz ausstatten. Guck, ich kann auch Witze! Aber das ist eigentlich gar keiner! Nee, das ist nicht oberflächlich, denn es geht nicht ums Schickmachen, es geht darum, dass du aufgehört hast, dir Mühe zu geben. Es geht um Wertschätzung, Schatz. Und weißt

du, was ich schätze? Ich schätze, wir hätten da vorne
links gemusst ...«

*Wir sitzen nebeneinander im Auto, wir fahren in dieselbe
Richtung, aber wir haben nicht mehr das gleiche Ziel.
Wir stehen an der Ampel, und im Radio läuft »You're
beautiful«. James Blunt. Über zehn Jahre alt. Nichts,
was man sich aussuchen würde, würde man sich »seinen« Song aussuchen, aber man hat das ja nicht in der
Hand, genauso wenig wie seinen eigenen Namen. Es
war der Soundtrack meiner letzten Trennung. Schmerz-
hafter Kuschelrock, Musik zu einem anderen Liebesende,
das mich damals ziemlich mitgenommen hat. Mein Herz
hat seitdem Hornhaut bekommen, dachte ich. Aber jetzt
reagiert es schon wieder verletzt und schmerzempfindlich.
Wieder James Blunt also. Der große DJ des Lebens hat
aufgelegt. An der Ampel steht auch ein Fahrradfahrer, in
etwa mein Alter, strubbelige Haare, Sneaker und für die
Jahreszeit viel zu dünn angezogen. Ein anderer Outfit-
verwirrter. Ein Verbündeter. Er wirft einen Blick auf sein
Handy, und kurz darauf lächelt er, über etwas, das er da
gelesen hat. Ein verliebtes Lächeln. Deswegen ist ihm
auch nicht kalt. Wann hab ich das letzte Mal so in mein
Handy gelächelt, über etwas, das der geschrieben hat, der
neben mir sitzt? Wir schreiben uns hauptsächlich Infos.
Und hängen manchmal ein Smiley oder ein Herzchen an,
irgendein Retortenzeichen von Verliebtheit, das nichts
bedeutet. Der Fahrradfahrer an der Ampel, den ich noch
nie in meinem Leben gesehen habe, ist mir jetzt näher
als der Mann neben mir, der so viel über mich weiß und
mit durch mein Leben gehen soll. Das wird nicht mehr*

besser. Es ist vorbei. Ich weiß es eigentlich schon seit längerem. Ich hab wahrscheinlich nur auf James Blunt gewartet.

»Ich glaube, es ist besser, wir trennen uns. Nee, ich find's nicht übertrieben. Ich bin auch nicht hysterisch. Ich mein's ernst. Ja, hier im Auto, genau. Was ist denn deiner Meinung nach eine passende Trennungslocation? Eine Metzgerei? Ein Friedhof? McDonald's? Man kann sich überall verlieben, man kann sich auch überall trennen. Nee, es ist natürlich nicht wegen dem Brunch. Und auch nicht wegen des Brunches. Der Brunch ist nur der Anlass. Hattest du doch bestimmt damals auch in Geschichte. Die Trennung von Anlass und Ursache, zum Beispiel beim Ersten Weltkrieg. Nee, mir ist nicht der Smoothie aufs Hirn geschlagen, aber schön, dass du 's mit so viel Humor nehmen kannst. Kann ich in ein paar Tagen bestimmt auch. Nee, natürlich sind wir nicht der Erste Weltkrieg. Wir sind keine Staaten, wir sind einfach zwei Menschen, die durch sind miteinander. Es sind doch immer die Kleinigkeiten. Man verliebt sich wegen der Kleinigkeiten, und man hört wegen der Kleinigkeiten wieder auf, sich zu lieben. Was ist los? Wieso fährst du rechts ran? Brauchst du doch das Navi? ... Weinst du?«

Die Liebe
und das Leben

Bauarbeiter fangen verlässlich gegen sieben Uhr morgens mit der Arbeit an, und zwar mit der Arbeit, die am meisten Krach macht. Mittags um zwölf verlegen sie still ein paar Leitungen, aber morgens um sieben werden mit Karacho Mauern eingerissen und Bohrer angeworfen, die große, laute Löcher bohren. Bauarbeiter tun das aus Rache, weil sie so früh aufstehen mussten und nicht einsehen, warum Menschen wie ich jetzt noch schlafen. Ich wache also schlechtgelaunt auf und sehe auf dem Telefon, was in der Nacht passiert ist.[*]

Viel ist passiert. Irgendwo ist irgendwas oder irgendwer explodiert. Es gab Tote. Es gibt ein Video. Mein Telefon fragt mich, ob ich es sehen will. In Myanmar

---

[*] Wenn Sie ohne Ihr Telefon neben dem Bett schlafen, sind Sie älter als 40. Menschen unter 30 schlafen lieber ohne Bett als ohne Telefon. Menschen über 40 finden das schrecklich. Anfangs dachten die Leute allerdings auch, das Flugzeug, das Auto, der Zug oder der Buchdruck seien eine Erfindung des Teufels und würden die Menschheit, wenn nicht vernichten, so doch verblöden. So kam es nicht. Also, beruhigt euch.

werden Menschen verfolgt. Ich hab keine Ahnung, wo Myanmar liegt. Ich weiß nicht, was da los ist.[*] Leonardo DiCaprio schreibt mir und will, dass ich etwas gegen das Abschmelzen der Arktisgletscher tue. Ich folge ihm auf Instagram, und er postet fast ausschließlich schön fotografierte Todesnachrichten der Welt. Aussterbende Tiere in bedrohten Gegenden. Den Karibus geht es anscheinend nicht gut. Ich hab keine Ahnung, wie Karibus aussehen und was mit ihnen los ist.[**] Ich bin noch nicht mal aufgestanden und habe schon schlechte Laune und ein massiv schlechtes Gewissen. Ich brauche einen großen Kaffee. Er ist fair gehandelt, aber das, las ich neulich, ist politisch, ökologisch und anderweitig gar nicht mal das Gelbe vom Ei. Im Kaffeewasser, höre ich gestern im Radio, finden sich angeblich Plastikspuren, und es ist nicht so, als hätte Leonardo mich nicht schon vor Monaten davor gewarnt. Leonardo DiCaprio dreht ein paar Filme im Jahr, datet parallel etliche Topmodels, redet vor der UN und rettet Tiere. Ich weiß nicht, wie er das macht. Ich schaffe nichts davon. Ich war nicht mal einkaufen, wie mir jetzt auffällt. Der Kühlschrank ist so leer, kühl und traurig wie die Arktis. Ich könnte Leonardo ein Foto davon schicken, aber er folgt mir ja nicht. Ich bringe weder die Zeit auf noch das Interesse, mich für die Welt und das Leben da

---

[*] Myanmar, das frühere Birma, ist ein südostasiatischer Staat mit Grenzen zu Indien, Bangladesch, China, Laos und Thailand, in dem mehr als 100 ethnische Volksgruppen leben. Die Rohingya sind eine muslimische Minderheit, die dort verfolgt wird. Wenn Sie helfen wollen, dann zum Beispiel hier: www.aerzte-ohne-gren zen.de.
[**] Wer sich informieren will: www.wwf.de

draußen wirklich zu interessieren. Auf meinem Schreibtisch liegt noch ein Aufruf gegen oder für irgendwas, den ich unterschreiben soll. Ich werde selten gefragt, ob ich bei so was mitmache, und wenn, dann sehe ich daran, wer schon alles unterschrieben hat, dass ich wieder ganz zum Schluss gefragt wurde. Das macht mir Sorgen. Es ist ein bisschen wie damals in der Schule, wenn im Sportunterricht die pummlige Maike Hölter beim Völkerball am Ende vom Sportlehrer der stärkeren Gruppe zugeteilt wurde, damit auch die schwächere Gruppe noch eine Chance hatte. Beim Benefiz bin ich jetzt Maike Hölter. Soziales Engagement ist auch ein Beliebtheitstest. Wie Facebook für den guten Zweck. Und ich bin offenbar zu unbeliebt oder – noch schlimmer – zu unbedeutend, als dass Aufrufer mich kontaktieren. Ich muss mich also dringend um meine Karriere kümmern. Dafür muss ich aber erst meinen Drucker wieder ans Laufen kriegen. Er tut seit Tagen keinen Mucks, und ich weiß nicht, woran es liegt. Ein Drucker, der nicht druckt, ist nur ein sinnloser, hässlicher Kasten mit Knöpfen, und nach den ersten erfolglosen Reparaturversuchen sag ich ihm das auch in deutlichen Worten. Männer und Maschinen schweigen, um zu beweisen, dass sie mir überlegen sind. Aber nicht mit mir. Ich schreie ihn an. Ich hab ihn bezahlt, er gehört mir, ich kann ihn schlecht behandeln, wenn ich will! Er hat schließlich angefangen! Ich hab früher ganze Laptops an die Wand geworfen, wenn sie nicht so wollten wie ich! Ich bin unberechenbar, und das soll der Drucker wissen, aber der Drucker reagiert nicht auf Druck, er bleibt unbeeindruckt. Er ist, gemessen an den Problemen der Welt, natürlich ein kleines Problem, in meiner Welt ist er jedoch ein großes. Ich muss für einen Termin am Vormittag Texte ausdrucken. Es ist ein Geschäftstermin, der auf der Langweiligskeitsskala angesiedelt ist zwischen, sagen wir, Thüringen und dem ZDF-Nachmittagsprogramm. Ohne die Texte ist er vollends völlig sinnlos. Ich muss trotzdem hin. Abends will ich mich endlich mal um meine Krankenversicherung kümmern, eine Aussicht drauf, dass der Abend es an Sinnlosigkeit durchaus mit dem Vormittag aufnehmen kann. Baulärm am Morgen, Myanmar vor dem Aufstehen, ein Karibu in meinem leeren Kühlschrank, ein kaputter Drucker, die Krankenversicherung am Abend, und das ist dann das Leben! Das Leben ist doch aber Grundvoraussetzung für die Liebe. Die Liebe zum Leben ist eine der elementarsten Lieben überhaupt. Meine Abstimmung mit mir selbst ergibt am Ende eines solchen Tages aber oft nur knappe 51 Prozent zugunsten des Weiterlebens. Nicht, dass ein möglicher Selbstmord im Raum steht, es ist mehr eine Art Gedankenspiel zur Nacht. Wie bei Netflix, wenn einem unmittelbar nach Ende einer Episode angeboten wird, die nächste zu gucken. Wäre mein Leben bei Netflix, würde ich an manchen Tagen nicht weitergucken. Lebe jeden Tag, als wäre es dein letzter. Ich weiß, so ist der Satz nicht gemeint, aber so ist das Leben an manchen Tagen.

»Der Sinn des Lebens ist, ihm einen zu geben«, schrieb ich vor Ewigkeiten in mein Tagebuch, mit der Weisheit und der Naivität des Teenagers. Als wenn das so einfach wäre. Sinngebung ist eine enorme Aufgabe, die eigentlich kaum zu bewältigen ist, zwischen den Nachrichten aus der Welt, den Spam-Nachrichten in meinem Postfach und all den erwachsenen Verpflichtungen, denen man nicht entkommt, wenn man kein Teenager mehr ist. Muss ja alles gemacht werden: Spülmittel kaufen, Gebühren überweisen, einen Termin machen für die Winterreifen, und Freitag zwischen acht und zehn kommt jemand, um in meiner Wohnung den Wasserzählerstand abzulesen. Er braucht freien Zugang zum Wasserzähler im Bad. Fast eine Milliarde Menschen brauchen erst mal überhaupt freien Zugang zu frischem Wasser.* Woanders wiederum ist gerade Hochwasser, und in vielen Schulen Deutschlands tropft das Wasser durch die Decke. Unsere Schulen brauchen dringend mehr Geld, da geht nichts mehr. Dass ich keine Kinder habe und damit die Schulen ein bisschen entlaste, hilft nicht. Das ist das Leben, so ist die Welt. Wo soll da die Liebe herkommen?

Dann fliege ich. Von hier oben ist nichts zu sehen von tropfenden Decken. Hier in der Luft braucht man keine Winterreifen, von hier oben ist das Leben pur und schön und die Erde perfekt. Guck, da unten wohnen wir! Ich kann fast unsere Straße sehen. Ganz sicher sehe ich, wie unglaublich egal von hier aus der Drucker ist. Wie unendlich klein alle meine Probleme sind, gerade im Vergleich zu diesem Sonnenaufgang. Von hier oben sieht man, dass alles mit allem zusammenhängt. Es ist natürlich knall-kitschig, ja sicher, Reinhard Mey hat's schon vertont, aber es stimmt trotzdem. Wenn es ihn je gegeben hat, dann hat Gott so auf die Erde gesehen wie ich jetzt und am siebten Tag die Liebe gemacht…

---

* Wenn Sie helfen oder sich informieren wollen: www.vivaconagua. org. Wirklich, tun Sie's, es ist eine gute Sache.

Am Wochenende drauf gehen wir wandern. Ja, wandern. Nicht freeclimben, hiken oder bouldern, sondern wandern. Ich weiß, damit stehe ich schon mit einem Fuß im Nordic Walking, der Coolnessdiaspora für Leute unter 50. Eine Outdoorjacke hat den Glamourfaktor null. Wandern ist der Cousin von Wagenwaschen. Manchmal hoffe ich aber, dass man sich der Coolness vielleicht auch von der anderen Seite nähern kann, und gehe trotzdem wandern. Wir leben ja alle auch von der Illusion. Nach ein paar Stunden Wandern durch die Alpen in der Sonne kommen wir am Schluss an einen Bergsee. Schuhe aus, Socken aus, Füße ins Wasser und dann, komm, wer traut sich? In durchgeschwitzter Unterwäsche reinspringen … Sämtliche inneren Organe schrumpeln in Sekundenschnelle auf Briefmarkengröße zusammen. Wie kalt kann Wasser eigentlich werden, bevor es friert? So kalt ist es jetzt auf jeden Fall. Danach auf der Wiese liegen, in der Sonne, die restlichen Wanderer gucken überrascht, genau wie die Kühe. Tropfend liegen wir da, nebeneinander in den Bergen, und spüren, wie langsam sämtliche Innereien und das Blut wieder auftauen und das Herz schlägt. Vor Überraschung, vor Begeisterung, vor Liebe zum Leben. So war es wahrscheinlich irgendwann mal gemeint …

Und noch: die erste Tasse Kaffee am Morgen. Frisch gefallener Schnee auf den Feldern. Der Geruch von gemähtem Gras. Das blinde Vertrauen im Blick eines Haustieres. Die zufriedene Erschöpfung nach gutem Sex. Ein durchtanzter Abend. Die kleine Nachricht eines Freundes, die er einfach so schickt, ohne Grund. Die ersten Blüten im Frühling, wenn das Leben sich wieder einmal gegen den Winter durchgesetzt hat. Das Lächeln eines Fremden in der U-Bahn. Das Gefühl nach dem Sport, gesund zu sein. Die erste Nacht in einem neubezogenen Bett. Der vertraute Geruch der Heimat. Frisches Brot …

Hier lass ich Ihnen jetzt Raum für eine eigene Liste. Setzen Sie sich hin und machen Sie eine. Jetzt gleich. Es hilft, eine zu haben, für die anderen Tage …

Die Liebe
und der Vater

Das Leben schreibt immer mit. Wenige Wochen nachdem ich den Text über »Die Liebe und wie man sie zeigt« geschrieben hatte, starb mein Vater völlig überraschend ...

Pünktlichkeit war nie dein Ding. Auf keinen Mann in meinem Leben hab ich so viel gewartet wie auf dich. Die modernen Väter, hört man, sind Helikopter. Du warst eher ein Air-Berlin-Flieger. Immer unterwegs, meistens zu spät, und jetzt gibt's euch beide nicht mehr. Ausgerechnet jetzt, ganz zum Schluss, warst du plötzlich zu früh. Du hast dich einfach vorzeitig weggeschlichen, als letzte Überraschung. »Kopf hoch, bis Sonntag!«, hab ich gesagt, und du hast genickt und gesagt: »Bis Sonntag.« So waren wir am Dienstag verblieben. Hast du da schon gewusst, dass es keinen Sonntag mehr geben wird? Nicht für dich, nicht für uns. Es sähe dir ähnlich. Du warst immer einer für die kleinen Worte, warum solltest du jetzt, bei den letzten Worten, plötzlich große machen wollen? »Bis Sonntag« entsprach dir auf jeden Fall viel mehr als »Alles Geschaffene ist vergänglich. Strebt weiter, bemüht euch, unablässig achtsam zu sein«, was angeblich die Worte sind, mit denen Buddha gegangen ist.

Kleine Worte, kleine Momente. Weißt du noch, wie du mir das Schwimmen beigebracht hast? Ich hatte so eine Scheißangst, und dir konnte es nicht schnell genug gehen. Du standest am Beckenrand, bereit, mich mit deinen starken Armen zu packen, sollte ich untergehen, und hast gerufen: »Wie ein Frosch! Nein, nicht wie ein Hund… wie ein Frosch!!« Ich habe geheult vor Wut, du hast geschimpft vor Ungeduld, und ich wollte so sehr, dass du stolz auf mich bist. Am Ende haben wir uns in den Armen gelegen und gejubelt, als ich zum ersten Mal einen Kopfsprung geschafft habe. »Klasse!«, hast du gerufen, auf deine ganz eigene Art, so wie du es dein ganzes Leben lang gemacht hast, wann immer es für dich Grund zur Freude gab.

Bei allen Stichen, Beulen und Schürfwunden meiner Kindheit war deine Lösung: »Kommt Spucke drauf!«. Mit deiner Spucke heilte alles schneller. Selbst als ich vom Sofa auf die Tischkante gefallen bin und am Kopf genäht werden musste, habe ich im ersten Moment gedacht: »Ach was, nicht schlimm, kommt Spucke drauf!«

Du hast mir beigebracht, Baiser spräche man so aus, wie man es schreibt, nämlich so, dass es sich auf Kaiser reimt. Beiser. Baisereier waren deine Lieblingssüßigkeit. Bis ich 26 war, lief ich durch die Welt in der sicheren Annahme, dass deine Aussprache die richtige ist. Dann sprach jemand es Französisch aus, und ich machte mich voller Überzeugung über ihn lustig: »Du willst wohl was Besseres sein, Madame römpömpöm, hm?! Aber im wahren Leben heißt das einfach nur Beiser! Sorry!« Als sich irgendwann rausstellte, dass ich falschlag, konnte ich es nicht fassen. Ich hab dich wütend angerufen, und du konntest nicht mehr aufhören zu lachen, weil ich erst so spät drauf gekommen war. Ich hätte dir alles geglaubt.

Das können die Helikopterväter von dir lernen: Es geht nicht um die großen pädagogischen Theorien, nicht darum, ob man alles immer richtig macht, ob man immer da ist. Erziehung ist immer das, was uns so schlecht aufs Leben vorbereitet. Es ist immer so, als würde man den Führerschein in einem alten Lada auf einer Dorfstraße machen und sitzt, wenn's ernst wird, dann in einem Porsche auf der Autobahn. Das, woran die Kinder sich später erinnern, haben die Eltern nicht in der Hand. Das, woran die Kinder sich erinnern, sind nämlich Baisereier. Und Schläge aufs Autodach. Das war deine Art, dich zu verabschieden. Wenn ich weggefahren bin, hast du immer noch mal auf das Autodach geklopft und gesagt: »FF, Fahr vorsichtig!« Als ich 20 war, fand ich das peinlich, was dich natürlich nicht abgehalten hat. Irgendwann haben wir es synchron gesprochen und uns kaputtgelacht. »FF, fahr vorsichtig.«

Von dir habe ich gelernt, dass man das, was man haben will, bezahlen können muss. Als ich einmal mit einer Jacke nach Hause kam, die ich mir von einem anderen Mädchen geliehen hatte, hast du gesagt: »Entweder verdienst du dir die Jacke selbst, oder du hast sie eben nicht!« Während meines Studiums hast du mir bei jedem Besuch fünfzig Euro zugesteckt und mir eingetrichtert, immer genug Bargeld dabeizuhaben, um nach Hause kommen zu können. Es hat mich in manchen Nächten gerettet, wenn die letzte Bahn schon weg war. So mache ich es bis heute und denke nachts an dich.

Wir hatten auch schwierige Zeiten. Streitzeiten. Wir haben so oft nicht zueinandergefunden. Jeweils das Falsche im falschen Moment gesagt. Als ich dir erzählt habe, was ich später machen will, also wirklich machen will, mit Internet, Bühne, Fernsehen und womöglich gar Humor, da hast du mir einen Vortrag gehalten über all die, die gut waren in diesem Job, so gut, wie ich es wohl nie werden würde. Du hast es nicht böse gemeint, du wolltest mich nur vor einer Enttäuschung bewahren. Und dann hast du nahtlos weitergeredet, was für einen interessanten Artikel du da kürzlich über Atomkraftwerke gelesen hast. Als wäre mein zukünftiges Leben und irgendein Zeitungsartikel für dich auf deiner Wichtigkeitsskala exakt gleich. Sehr lange bin ich darüber nicht weggekommen.

Jetzt, wo du nicht mehr da bist, melden sich so viele Menschen bei mir, die mir sagen, wie stolz du auf mich warst. Vielleicht hättest du mir das auch mal selbst sagen sollen. Vielleicht an diesem letzten Dienstag. Ich wollte mein Leben lang, dass du stolz auf mich bist. Dass du dich freust, so wie damals beim ersten Kopfsprung. Nur eben jetzt nicht im Schwimmband, sondern quasi am Beckenrand meines Lebens. Dort solltest du stehen und rufen: »Klasse!« So wie früher.

Liebe Helikopter, das ist auch noch zu lernen: An den richtigen Stellen zu loben, an den richtigen Stellen aufzubauen. Keine dreitägigen Paraden, nur weil Junior sich jetzt selbst die Schuhe zugemacht hat, sondern dann, wenn's drauf ankommt, zu sagen: »Gut gemacht!«

Umgekehrt würde ich dir das auch gern noch sagen wollen. Du bist nichts schuldig geblieben, du hast dich immer bemüht, immer gekämpft, gefeiert, gelacht, gelebt und am Leben gebastelt, und wenn ich dich gefragt hätte, ob du zufrieden bist, hättest du wahrscheinlich gesagt: »Gott, was heißt zufrieden?« Große Worte, nicht dein Ding.

Ich kenne niemanden, der so selbstlos hilfsbereit war. Du hättest im Notfall jedem, wirklich jedem, das sprichwörtliche letzte Hemd gegeben. Du hattest ein gutes Herz. Wie lächerlich altmodisch sich das anhört. Ein gutes Herz. Gute Herzen sind heute höchstens ein medizinischer Befund. In den Herzen von heute ist wenig Platz für andere. Herzräume werden von den meisten gekündigt, wegen Eigenbedarf. Erst komm ich, danach lange nichts und danach ein Bild von mir. America first und Deutschland auch. Du dagegen hast immer geholfen, wenn du der Meinung warst, es sei angebracht. Ich hätte dir gerne noch gesagt, wie stolz ich deswegen auf dich war. Aber als ich ins Krankenhaus kam, am Donnerstag vor dem verabredeten Sonntag, da hattest du dich schon davongemacht, da warst du schon weg. Nur dein Körper war noch da. Dieser Körper, den ich kenne, seit ich denken kann. Jeder Muskel, jeder Nagel, alles vertraut. Jetzt aber ganz zerbrechlich und nicht mehr so stark, wie ich dich immer gesehen habe. Du warst mein erster Superheld, lange vor Batman, Superman oder Leonardo DiCaprio. Wie das kleine Mädchen von damals stand ich noch einmal vor dir und konnte nicht fassen, dass du einfach weg warst. Selbst Superman ist nicht unsterblich. Aber der Tod tilgt sofort den ganzen kleinen Ärger. Sämtliches Generve, all die kleinen Streitereien, jedes Gequengel ist sofort egal und vergessen, und man fragt sich, warum man es zu

Lebzeiten so oft nicht überwinden konnte.[*] Alles, was ich dir am Dienstag noch hätte sagen wollen, musste ich jetzt loswerden. Ich weiß, wir waren uns im Grunde auch ohne Abschied einig. Das »bis Sonntag« hat uns beiden Mut gemacht und den Glauben gegeben, dass noch was kommt, dass es weitergeht und wir uns um die letzten großen Worte noch ein Weilchen herumdrücken können. Nun schick ich sie dir auf diesem Weg hinterher: Mit all meiner Liebe, Papa. Danke für alles und FF, fahr vorsichtig, wo immer du jetzt hinfährst.

---

[*] Ich hab im Vorwort gesagt, dass dieses Buch idealerweise bewirkt, dass Sie Ihren »Liebsten« anschließend noch mal sagen, dass Sie sie lieben. Das ist jetzt der Moment. Legen Sie das Buch weg, nehmen Sie das Telefon und rufen Sie an, schicken Sie wenigstens eine Nachricht. Oder eine Karte. Wirklich. Schicken Sie kein verficktes Emoji, sondern geben Sie sich Mühe. Schieben Sie's nicht auf bis zum nächsten Weihnachten. Das nächste Weihnachten ist womöglich noch weiter weg als der nächste Sonntag, und das Leben ist nicht nur kurz, sondern in seiner Kürze unberechenbar …

Die Liebe
und das Ende II

Mein Herz klopft, wenn ich dich sehe
Schon an eine andere Tür
Alle Wege, auf denen ich gehe
Führen nur noch weg von dir

Guck, das wollt ich dir zeigen
Mein Himmel hängt noch voller Geigen
Arschgeigen sind's, und sie spielen dein Lied
Und ich finde, still und bescheiden
dass dir das ganz recht geschieht
Unterm Strich passt einer von uns beiden
einfach gar nicht mehr zu mir
Und ich bin's nicht
Meine Seele ist mit dir verschrumpelt
Und selbst das Reimschema rumpelt
In diesem Gedicht
Denn ich kann mir auf uns einfach
keinen Reim mehr machen

Wir sind immer besser geworden im Streiten. Wir haben uns unmittelbar nach der Beleidigung schon entschuldigt, im Laufe der Zeit haben wir sogar Empathie gelernt, das heißt, ich konnte mich in deine Lage versetzen, noch während ich dich angeschrien habe. Wir konnten am Ende so gut streiten, dass wir kaum noch anderes gemacht haben ...

> Ein bisschen Wärme und einen, der zuhört,
>   find ich doch locker an jeder Ecke
> Dafür kombinier ich Alexa ganz einfach
>   mit einer billigen heizbaren Decke
> Klar, hatten wir Sex, von hinten und vorn
> Es hätte gereicht für drei Likes auf YouPorn
> Aber um Liebe zu machen, braucht man mehr als ein Bett
> »Ich liebe dich« heißt mehr als »ich find' dich ganz nett«
> Du warst ein Übergangsmensch, ein Mann fürs Wochenende
> Du hattest kein Hand und Fuß, nur Füße und Hände

Was Schlussmachen auch bedeutet: Es gab ein letztes Mal. Das letzte Mal, dass du dort auf der Couch gesessen hast, immer *auf* der Decke, als wäre dir das Prinzip einer Decke nicht geläufig. Das letzte Mal, dass du dir in meinem Bad die Zähne geputzt hast, so dass ich danach immer gleich den Spiegel putzen musste, als hätten deine Eltern dir elementare Sachen wie Zähneputzen nicht beigebracht. Das letzte Mal, dass du an meinem Fernseher durch die Programme zappst, wo du an jedem Sender nie länger als zwei Sekunden hängenbleibst. Ganz im Ernst, was müsste da zu sehen sein, damit du die Fernbedienung aus der Hand legst? In zwei Sekunden kann ich den frühen George Clooney nicht vom aktuellen Markus Söder unterscheiden. Nach zwei Sekunden weiß ich nicht, ob das Grüne im Fernsehen ein Fußballplatz ist oder der ZDF-Fernsehgarten. Wie oft wollten wir einen Film gucken und hatten am Ende nur dreißig Trailer gesehen, weil du nicht sicher warst, ob sich der Film wirklich lohnt? So haben wir uns auch selbst behandelt, immer rechts und links geguckt, ob nicht doch noch was Besseres läuft. Das letzte Mal, dass wir uns geküsst haben. Ich weiß es noch, flüchtig, beim Abschied, am Parkhaus. Es kam mir da schon falsch vor, wie hochstapeln. Wie etwas, das die Natur eigentlich nicht vorgesehen hat. Hunde pressen ja auch nicht ihre Schnauzen aufeinander, selbst wenn sie beste Freunde sind. Und das waren wir da schon nicht mehr. Sind wir eh nie gewesen. Du warst eher wie ein Schokoladenweihnachtsmann, ganz süß, aber innen hohl.

Das letzte Mal, dass wir miteinander geschlafen haben, am Abend davor, routiniert, wie eine Übung bei einem Sportprogramm. Es hätte mich nicht gewundert, wenn du währenddessen auf dein Fitnessarmband geguckt hättest. Fast wäre es das vorletzte Mal gewesen, denn am allerletzten Abend hatten wir beinah noch Versöhnungssex, bis du gesagt hast, Liebe sei Weiberkram, wie Make-up, am Ende nur dazu da, Männer so lange zu verarschen, bis man ihnen die ungeschminkte Wahrheit zumuten kann. Das war's dann endgültig. Um Viertel nach zehn wäre ich noch bereit gewesen, Teile deines Körpers in mir aufzunehmen, und um 22 Uhr 17 wollte ich nicht mal mehr deine Playstation im Haus haben.

Ich hab dich nie geliebt,
und kann dich jetzt auch nicht hassen
Ich hab nur sehr oft gedacht,
»Komm, lass es uns einfach lassen«
Du kriegst in dem Buch deswegen
auch nur ein paar Seiten
Mehr hast du selbst auch nicht,
jedenfalls keine gescheiten
Vielleicht sehen wir uns noch mal, so in einem Jahr
Und tun beide dann so, als ob nie etwas war
Oder grüßen verbindlich und lächeln besonnen
Und denken beide, wir haben die Trennung gewonnen

Darum geht es, wenn man Schluss gemacht hat: wer am Ende als Gewinner aus der Beziehung rauskommt. Einen letzten Sieg mitnehmen. Es ist eine eigene Disziplin im Liebesspiel. Zum Beispiel, wenn wir uns zufällig in der Stadt treffen und du siehst mitgenommen und aufgequollen aus, während ich gerade vom Friseur komme und meine arschfreundlichste Jeans trage. Bäm! Eins zu null! Womöglich haben wir beide einen neuen Partner. Deine Trulla ist eine schwache Fünf, der neue Mann an meiner Seite ist dagegen eine sichere Sieben, mit Tendenz zur Acht. Bäm! Zwei zu null. Dann aber sehe ich, dass du dich mit deiner Fünf besser amüsierst als ich mich mit meiner Sieben. Du siehst das auch und bäm! Nur noch zwei zu eins! Ein finales drei zu eins wäre jetzt zum Beispiel ein besonderes Posting auf den sozialen Netzwerken, was doppelt so viele Likes einfährt wie alles, was du je gepostet hast. Mit positiven Kommentaren auch von deinen Freunden. Bäm! Bäm!*

Ist das kindisch? Ja, sicher. Aber überall liest man doch, dass man den Kontakt zu seinem inneren Kind nicht verlieren soll, und wer je auch nur eine halbe Stunde an einem Sandkasten mit äußeren Kindern verbracht hat, weiß, dass Kinder die gemeinsten, fiesesten und rachsüchtigsten Menschen überhaupt sind.

Bei IKEA kann man Möbel auch nach einem Jahr noch zurückgeben. Man kann seine Couch ein Jahr lang im wörtlichen Sinne be-sitzen und dann sagen, sorry, ist doch nicht meins. Ohne Konsequenzen. IKEA kennt die Menschen. Wir sollten künftig Beziehungen nur noch in IKEA-Kaufhäusern beginnen dürfen. Statt verloben, heiraten, gemeinsame Girokonten und was man sonst noch alles macht, um Verbundenheit zu demonstrieren, gälte dann auch für die Liebe das Garantie-Jahr. Nach einem Jahr weiß man, ob der Mann zu den Möbeln passt oder nicht. Innerhalb dieses Jahres kann man ihn problemlos zurückgeben. Ohne Gekeife, schlechtes Gewissen und posten bei Facebook. Die Welt wäre schlagartig ein besserer Ort.

* Dafür und nur dafür wurden facebook & Co. erfunden. Es ist dieselbe Idee wie bei kleinen Kindern, die zum ersten Mal ohne Stützräder Fahrrad fahren und dabei die ganze Zeit brüllen: »Guck! Guck mal! Jetzt guck doch mal! GUCK MAL!!!« Wir wollen, dass jemand hinguckt. Wir wollen, dass jemand sagt: »Toll! Das machst du ganz toll!« Das Internet macht uns alle wieder zu Dreijährigen.

Die Liebe
und Du

Was ich mir von dir wünsche: ein Liebeslied. Einen Song, der sagt, dass ich dir die Welt bedeute, wenn auch nur drei Strophen lang. Ein Gedicht, in dem ich dein Reim auf Herz und Scherz bin. Und Schmerz. Ich will gemeint sein von dir, weißt du? Ich will in deinen Träumen vorkommen. In denen, die man tagsüber hat. Auch dann noch, wenn unsere ersten Monate vorbei sind und die Zurechnungsfähigkeit wieder einsetzt. Du sollst mich kennenlernen, in- und auswendig, und trotzdem bleiben wollen. Das wäre schön. Trotz meiner Macken. Ich sage Macken, meine aber all die Sachen, die mit einem Bein schon im Verrücktsein stehen. Nicht nur, dass ich Däumchen drehe, zum Beispiel, und die Sache mit den Krümeln, die keine sind. Und dass ich überall in der Wohnung Tassen stehenlasse, weil ich mir angewöhnt habe, den Kaffee mit mir rumzutragen, ich weiß nicht, warum. Jetzt finde ich manchmal Tassen im Schrank. Ich weiß, es klingt wie ein Witz, Tassen im Schrank, haha, aber so ist es. Ist das noch normal? Ich kann schlecht Zug fahren, weil ich immer denke, dass ich vielleicht auf dem falschen Gleis stehe, in den falschen Zug steige, das falsche Ticket habe, am falschen Tag, nur weil ich einmal, vor Jahren, statt runter nach München rauf nach Mannheim gefahren bin, um mich dort zu wundern, dass ich das Oktoberfest nicht finde, und seitdem an Reisetagen alle verrückt mache. Wenn du rausfindest, dass es eigentlich nicht um falsche Züge geht, sondern in Wahrheit darum, dass ich mich manchmal im Leben falsch fühle oder im falschen Leben, bleibst du dann trotzdem? Und umgekehrt: Zeigst du mir deine Macken? Nicht nur die kleinen, lustigen – wie du immer das Innere aus Brötchen pulst, wie du einfach keine Schleife binden kannst, die hält, wie du auch vor kleinen Hunden Schiss hast – die auch, aber auch die anderen, die echten, die tiefen? In den ganzen Datingportalen wollen sie wissen, ob wir lieber Sushi oder Currywurst essen, lieber ans Meer oder in die Berge fahren oder was unsere Lieblingsfarbe ist, aber nie, ob wir mehr Angst vor dem Tod haben oder vor dem Leben oder ob wir an Gott glauben oder ans Nichts. Ich will dir alles sagen können, auch, dass ich dir manches verschweige. Ich will, dass du an mich glaubst, bedingungslos, wie ein Kind an den Weihnachtsmann. Ich will an dich glauben können. Ich will dir gefehlt haben, bevor du mich kanntest. Du sollst mich suchen, wenn ich mich verliere. Wir sollen uns finden müssen. Das wäre schön.

Zuletzt –

Die Liebe und ich

Ganz am Ende kümmern wir uns noch um die Liebe zu einem selbst, die größte Liebe von allen, wie uns Whitney Houston beigebracht hat. Denn man kann nur geliebt werden, wenn man sich selber liebt. So ähnlich hat Whitney es gesagt, wenn ich sie richtig verstanden habe. Wobei, gerade in Phasen, in denen man sich selbst so mittel findet, entstehen ja aus Liebe die Haare, an denen man sich wieder aus dem Sumpf ziehen kann. Hm, kein schönes Bild. Anders: Das Leben ist manchmal wie ein mexikanischer Feuertopf aus der Dose, ein unappetitlicher Haufen aus Dingen, von denen man nicht genau weiß, was es ist. Die Liebe macht daraus etwas Schönes, Warmes, das einem ein gutes Gefühl im Bauch gibt. Hm, na ja, auch so mittel, aber Sie wissen, was ich meine: Das Leben ist nicht fair, und um das wieder auszugleichen, hat Gott die Liebe erfunden.

Die meisten kennen den Aberglauben, dass man sich etwas wünschen kann, wenn man eine ausgefallene Wimper im Gesicht findet. Man nimmt die Wimper zwischen zwei Fingerkuppen, pustet sie weg und wünscht sich dabei etwas. Was man sich wünscht, darf man nicht laut sagen, sonst geht es nicht in Erfüllung. Es gab eine Phase, in der ich mir jedes Mal die Liebe gewünscht habe. Nicht Liebe, sondern eben *die* Liebe (ja, ja, um Sex ging's dabei auch, aber das ist ein anderes Thema*). Als ich sie nicht fand, dachte ich, es läge daran, dass ich zu dick wäre, zu kleine Augen oder zu große Brüste hatte sowie die falsche Anzahl an Haaren, in der falschen Länge mit der falschen Farbe. Wahlweise die falschen Schuhe an den falschen Füßen, unter der falschen Hose mit einer falschen Jacke. Die Liebe war, dachte ich, eine Belohnung dafür, dass man alles richtig gemacht hatte. Es hat lange gedauert, bis ich gemerkt habe, dass das nicht stimmt und dass Whitney recht hat: Man muss erst lernen, sich zu lieben. Mit Haut und Haar, auch wenn die Kosmetikindustrie davon lebt, genau das den Frauen schwerzumachen. Sich in sich selbst zu verlieben ist oft nicht so leicht, weil man sich so gut kennt und zum Verlieben auch das Entdecken gehört, die Geheimnisse. Und auch, weil man so wenig Zeit mit sich verbringt. Klar, man ist manchmal alleine, aber das ist nicht dasselbe. Machen Sie ruhig mal ein Date mit sich selbst! Mit Schickmachen und allem. Lernen Sie sich kennen. Zeigen Sie sich von Ihrer besten Seite, zur Not trinken Sie sich unter den Tisch. Gucken Sie, was passiert. Es ist so, wie in der eigenen Stadt im Hotel zu übernachten. Man hat plötzlich eine neue Perspektive auf das, was man schon so gut kennt. Ein Wassertropfen kann wun-

---

* Bis 30 war Sex oft so wie eine Stadttheateraufführung von Shakespeare. Man ahnte, dass es eigentlich anders gemeint war, man ahnte, dass es besser ist, wenn es richtig gemacht wird …

derschön sein im Gardasee oder ganz normal am Baggersee, er kann lästig sein als Hochwasser, nützlich zum Blumengießen oder poetisch als Träne, es ist immer derselbe Tropfen. Liebe Leser*innen, ich wünsche Ihnen den Gardasee, ich wünsche Ihnen Liebe und viel davon, egal wie alt Sie sind, denn im Gegensatz zu Leggings oder Tätowierungen ist Liebe nicht nur was für junge Leute. Ich wünsche Ihnen, dass Sie sich dieses Gefühl bewahren, wenn einem das Leben Champagner ins Herz kippt und die Welt der beste Ort im Universum ist. Ich wünsche Ihnen so viel Liebe, dass Sie die nächste ausgefallene Wimper einfach wunschlos wegpusten können.

Herzlichst
Ihre Katrin Bauerfeind

Danksagung

Grade zum Ende hin soll's diesem Buch nicht an Liebe fehlen. Wie immer, ist das Werden von so vielen Buchstaben am Stück, die am Ende ein Buch werden sollen, ein kleiner Kraftakt. Zumindest für mich. Außerdem ist es ein bisschen wie bei einem Marathon: Man muss es irgendwie selbst ins Ziel schaffen, aber es ist gut zu wissen, dass da viele andere sind, ohne die man erst gar nicht losgelaufen wäre. Diese vielen anderen sind Sie, liebe Leser.

Auf meiner Liste, der Dinge, die ich in diesem Leben tun wollte, bevor ich sterbe, stand schon »ein Buch schreiben« als ich sechs Jahre alte war. Ich bin zwar nie davon ausgegangen, dass es passieren würde, aber mittlerweile ist dieses mein drittes Buch und das nur, weil Sie es gekauft und bestenfalls auch gelesen haben. Ich danke allen, die bei meiner Reise auf dem Papier dabei waren. Es ist mir eine große Freude auf diesem Wege in Ihre Köpfe zu dürfen, und ich bin überaus dankbar dafür.

Dann danke ich den wunderbaren Menschen beim S. Fischer Verlag, die mir nun schon zum dritten Mal bei Thema, Bearbeitung und Zeit, auch über so manche

Deadline hinaus, unfassbar viel Vertrauen und Verständnis geschenkt haben – das ist nicht selbstverständlich, und deswegen möchte ich an dieser Stelle einen großen Strauß Danke in die Runde werfen. Für Peter Sillem, Nina Sillem, Ulrike Holler, Petra Wittrock, Frank Geck, Heidi Borhau und Kerstin Seydler.

Darüber hinaus muss ich wie immer den privaten Menschen danken, die an mich glauben, die bewundernswert viel Geduld aufbringen und die nicht müde werden, mich zu ermutigen, selbst wenn ich zum zwanzigtrillionsfantastilliardsten Mal von ganz vorne zweifle und hinschmeißen will. Ihr seid irre! Ich danke euch außerdem dafür, dass ihr mir noch eure Geschichten erzählt, obwohl ihr wisst, ich schreibe Bücher mit lustigen Kurzgeschichten. Danke für eure Inspiration und dafür, dass wir gemeinsam durch diese Zeiten, die sich unser Leben nennen, gehen. Ich liebe es, mit euch zu sein.

Und dann das noch: Ich wollte schon lange was mit Liebe in Buchform machen und hab dennoch eine Weile gebraucht, bis ich mich getraut habe. Liebe wirkt schnell abgedroschen, sie bleibt oft kitschig, obwohl oder grade weil man sie ernst nimmt, und man kann dem Gefühl mit Buchstaben manchmal nicht nahe genug kommen. Ich hoffe dennoch, dass es mir gelungen ist, hiermit ein wenig Liebe in die Welt zu bringen. Von triefend schlonzig bis hin zu herzzerreißend. Die ganze Palette. Das wäre mein Wunsch. Ihnen allen und auch denen, die ich bislang nicht erreichen konnte, an dieser Stelle ein letztes Mal: LIEBE.

Katrin Bauerfeind
Hinten sind Rezepte drin
Geschichten, die Männern nie passieren würden
Band 03397

»Klar, für den Preis dieses Buchs können Sie sich auch einen
dünnen Thomas Mann kaufen oder zwei Hemingways, also
echte Nobelpreisträger, oder eine gebrauchte Bibel, also praktisch das Wort Gottes, aber überall da steht wenig über Frauen,
und schon gar nichts Lustiges oder nicht viel Wahres ...«

Katrin Bauerfeind erzählt in ihrem neuen Buch, was es heut-
zutage heißt, eine Frau zu sein: mit Witz, aber ernstgemeint,
ohne Quote und Aufschrei, aber auch ohne Drumrumreden.
Es geht um Playmobilfrisuren, Wellnesswahnsinn, schlechten
Sex und gute Freunde und um Männer, Mode, Cellulite. Und
hinten sind natürlich keine Rezepte drin ...

Das gesamte Programm gibt es unter
www.fischerverlage.de

Katrin Bauerfeind
Mir fehlt ein Tag zwischen Sonntag und Montag
Geschichten vom schönen Scheitern

Band 19456

»Scheitern kann man immer und überall. Es ist ein günstiges Hobby für die ganze Familie, ich als Scheidungskind weiß, wovon ich rede. Dieses Buch ist perfekt für alle, die große Pläne hatten und jetzt plötzlich eine Einbauküche abbezahlen, für alle, die das Gefühl haben, es fehlt ein Tag zwischen Sonntag und Montag, an dem man endlich mal alles erledigen könnte …«

Joggen und nichtrauchen, Geschenke und Geschlechtsverkehr, feiern und trauern, Sachen wegschmeißen oder einfach nein sagen: Mit einem Grinsen zwischen den Zeilen erzählt Katrin Bauerfeind in ihrem bislang wirklich allerbesten Buch, was so alles schiefgeht im Leben und warum das so sein muss.

Das gesamte Programm gibt es unter
www.fischerverlage.de

fi 19456 / 1